知的障害者雇用において特例子会社に期待される役割

楠田 弥恵 著

学術研究出版

目次

はしがき …………………………………………………………………… 6

序　章 ……………………………………………………………………… 9
1　問題の所在と研究の目的 ………………………………………… 10
2　先行研究と本書の位置付け ……………………………………… 15
3　本書の構成 ………………………………………………………… 24

第Ⅰ章　日本における障害者雇用の変遷 …………………………… 27
1　1951年国際労働機関（ILO）へ再加盟 ………………………… 28
2　法定雇用率制度制定／障害者権利条約批准までの経緯 ……… 30
　2－1　行政措置期間　戦後－1960/努力義務期間　1960－1976 … 30
　2－2　身体障害者雇用法的義務化開始　1976 ……………………… 31
　2－3　知的障害者雇用対象化開始　1987 …………………………… 33
　2－4　障害者の権利に関する条約の批准と主な関係法 …………… 34
3　上昇する実雇用率と未達成の法定雇用率 ……………………… 36
　3－1　労働政策審議会障害者雇用分科会による議論 ……………… 38
　3－2　世界の法定雇用率 ……………………………………………… 41
4　構造的支援としての特例子会社制度 …………………………… 42
　4－1　1987年に制定された特例子会社制度 ………………………… 44
　4－2　特例子会社の目的 ……………………………………………… 46
　4－3　特例子会社における業務内容 ………………………………… 47

第Ⅱ章　知的障害者の労働収入と生活原資 ………………………… 51
1　知的障害者の障害の程度による状況の差異（重度・非重度）… 53
　1－1　福祉的就労を希望する背景 …………………………………… 58
　1－2　増加する一般雇用希望者と不足する知的障害者の一般雇用 … 61
2　知的障害者の賃金水準と生活原資 ……………………………… 64
　2－1　最低賃金法適用の労働環境と適用外の環境 ………………… 64
　　2－1－1　最低賃金法適用の労働環境 …………………………… 64
　　　2－1－1－a　特例子会社における賃金 ……………………… 66

        2－1－2　福祉的事業における賃金……………………………… 68
        2－1－3　知的障害者の悩み：給料が少ない／障害があっても
                働ける場が欲しい…………………………………… 68
     2－2　障害年金……………………………………………………… 70
  3　最低賃金減額の許可申請………………………………………… 71

第Ⅲ章　特例子会社の現状分析 …………………………………… 77
  1　郵送による質問紙調査へのレスポンス………………………… 78
     1－1　質問紙に協力いただいた特例子会社について……………… 78
     1－2　回答企業の障害種別雇用状況………………………………… 79
        1－2－1　知的障害者未雇用の5社…………………………… 79
        1－2－2　知的障害のある社員が担当している業務………… 80
     1－3　知的障害者への最低賃金の支払い状況
           および昇給制度・賞与について………………………… 82
     1－4　知的障害者の昇進昇格の状況………………………………… 84
     1－5　障害者社員（全障害種別）の雇用形態……………………… 86
     1－6　特別支援学校等からのインターンシップ生受け入れ状況… 87
     1－7　障害者（全障害種別）を採用する際に重視するポイント… 89
     1－8　知的障害者社員と顧客・取引先との接触…………………… 90
     1－9　特例子会社就労後、スキルアップした障害者の異動……… 92
     1－10　労働市場における他の弱者との協働 ……………………… 93
  2　質問紙調査によって把握された特例子会社の現状…………… 94
  3　特例子会社における知的障害者の重点的雇用実績…………… 97
  4　知的障害者雇用に成功している特例子会社…………………… 101
     4－1　作業手順・方法の工夫………………………………………… 101
     4－2　知的障害者の戦力化…………………………………………… 103
        4－2－1　株式会社CFSサンズ（神奈川県横浜市：
                CFSコーポレーションの特例子会社）…………… 104
        4－2－2　サンアクアTOTO株式会社（福岡県・北九州市・TOTO
                の共同出資による第三セクター方式特例子会社）…… 106

4－2－3　TGウェルフェア株式会社（愛知県清須市：
　　　　　　豊田合成株式会社の特例子会社）………………………… 109
　4－3　障害者の戦力化と特別支援学校の職業プログラム………… 114
　　4－3－1　特別支援学校高等部職業科とインターンシップ……… 115

第Ⅳ章　特例子会社制度への批判 ……………………………………… 119
1　中小企業にとって特例子会社制度は使いにくい：
　事業協同組合等算定特例 …………………………………………… 120
　1－1　法定雇用率クリアの大企業群と低雇用率の最小企業群……… 120
　1－2　最小企業群におけるゼロ雇用企業と複数名雇用企業………… 121
　1－3　ゼロ雇用小企業の雇用開始促進策としての特例子会社……… 122
　　1－3－1　「中小企業における障害者の雇用の促進に関する
　　　　　　研究会報告書」…………………………………………… 122
　　1－3－2　先行調査にみる事業協同組合型障害者雇用例………… 123
　　1－3－3　特例子会社制度と事業協同組合等算定特例…………… 127
　　1－3－4　事業協同組合等算定特例における適用範囲拡大の必要性と
　　　　　　有限責任事業組合（LLP）の提案 ………………………… 129
2　一般企業における知的障害者雇用を推進すべきではないか ……… 130
　2－1　本研究の対象は知的障害者であるという前提………………… 130
　2－2　配慮の差で生じるインクルージョン下の成功例と失敗例…… 131
　　2－2－1　インクルージョン下の環境α：成功例………………… 132
　　　(A)　インクルージョンは企業体の活性化に繋がる……………… 132
　　　(B)　インクルージョンによって偏見が軽減される……………… 135
　　2－2－2　インクルージョン下の環境β：失敗例………………… 138
　　　(C)　知的障害者に対するいじめの問題…………………………… 138
　　　(D)　知的障害者の立場からインクルージョンの良さを
　　　　　実証した研究は非常に少ない………………………………… 140
　2－3　特例子会社の就労支援効果と仲間効果：
　　　　健常者の中より落ち着ける ……………………………………… 141

第Ⅴ章　特例子会社の発展形態 …… 145
1　特例子会社の採算 …… 147
1-1　市場経済とのつながり …… 148
1-2　EUのソーシャルファーム …… 150
　(A)　ドイツの場合 …… 151
　(B)　イギリスの場合 …… 153
　(C)　イタリアの場合 …… 154
　(D)　ソーシャルファーム成功の鍵 …… 155
1-3　ビジネスコンサルティングの必要性 …… 157
2　保護雇用の必要性軽減後の新しい役割 …… 158
2-1　障害者雇用のアドバイザー …… 158
2-2　EUソーシャルファーム型：協働の場 …… 160
3　知的障害者自身の声を掬い上げるシステムの構築 …… 161
3-1　否定的な対人関係にストレスを感じる …… 162
3-2　離職のサイン …… 163
3-3　脱レッテルの場として …… 165

終　章 …… 169
1　知的障害者の労働収入の向上：最低賃金以上の確保 …… 170
2　知的障害者の積極雇用 …… 171
3　知的障害者が福祉的事業所に求める安心感の具現 …… 172
4　特例子会社への批判について …… 173
5　今後の課題 …… 175
6　まとめとして …… 177

資　料 …… 178
参考文献 …… 187
注 …… 191
あとがき …… 212

はしがき

　従来、自身の労働によって自立生活を行うというより、むしろ社会福祉によってその生活を支えられていると考えられがちであった知的障害者は、ノーマライゼーションをはじめとする社会の考え方の進展や自身の能力開発により、働くことを通してより多くの可能性を切り開きつつある。知的障害者は、通学通勤やまたプライベートな生活においても、次第に社会のなかに溶け込み、家族を中心とした生活空間から、より広い世界へその活動範囲を広げようとしている。
　しかしながら、知的障害者が労働によって得ている平均収入はあまりに低く、自立生活にはおよそ足りない金額に留まっている。その低収入の最大の理由は、知的障害者の就労先の多くが福祉的事業所であり、最低賃金法の適用されないケースが多いことによる。なぜ、知的障害者は最低賃金に満たない収入しか得られないであろう福祉的事業所に就労するのであろうか。一般企業からの雇用が不足しているからなのか。あるいは、知的障害者への配慮が行き届いた福祉的事業所の方が安心だからなのだろうか。
　本書は、この疑問を、実際のデータおよび先行調査の結果を踏まえながら解明し、その解決策のひとつとして「特例子会社制度」の活用を提示している。特例子会社制度とは、耳慣れない制度だと思われる方も多いと思う。ひとことで特例子会社を説明すれば、障害のある人々が働きやすい環境を具現し、その能力を開発するとともに、営利企業としての活動を行っている組織で、障害者雇用の推進を目的に設置された子会社ということになろうか。障害者雇用を最大のミッションとしつつ、あくまでも営利企業である点が福祉的な組織とは異なる。

厚生労働省の概要を説明した文言を引用すれば、以下のようになる。
「障害者雇用率制度においては、障害者の雇用機会の確保（法定雇用率＝2.0％）は個々の事業主（企業）ごとに義務づけられている。一方、障害者の雇用の促進及び安定を図るため、事業主が障害者の雇用に特別の配慮をした子会社を設立し、一定の要件を満たす場合には、特例としてその子会社に雇用されている労働者を親会社に雇用されているものとみなして、実雇用率を算定できることとしている。　また、特例子会社を持つ親会社については、関係する子会社も含め、企業グループによる実雇用率算定を可能としている」
　特例子会社数は、1976年の局長通達による制度開始以来、ほぼ一貫して伸び続け、2015年6月1日現在422社に達している。本書は特例子会社制度のもつ本質的な特色をていねいに分析し、知的障害のある人々がその能力を発揮して働くために、非常に適した労働環境であることを検証している。
　また、将来的には障害者を含め、労働市場において不利な立場に置かれた人々が共に働くことのできる、ダイバーシティの場としてその可能性を拡大していくのではないかと筆者は予想し、その展望についても論じた。

楠田弥恵

序章

1　問題の所在と研究の目的 …………………………… 10
2　先行研究と本書の位置付け ………………………… 15
3　本書の構成 …………………………………………… 24

1 問題の所在と研究の目的

　従来、何らかの障害を持つ人々[1]は、いわゆる健常者[2]を主体として作られた社会において、教育を受けること、働くこと、さらには日々の暮らしを送ることさえも苦労が伴ってきた。そのため、障害者[3]の行動範囲は家庭内等一定の範囲に限定されがちであったが、第二次世界大戦後、我が国の国際労働機関 (International Labour Organization、略称：ILO、以下ILO) 再加盟等を契機に、共生社会形成を推進しようという社会の動きが少しずつ進展し[4]、通学・通所・通勤・買い物や余暇等生活の各場面を通して、次第に社会と触れ合う機会が広がってきてはいる。しかし、現在においても、障害者の暮らしにくさは厳然と存在しており、解消されたわけではない。

　障害のある人々を障害者というひとつの枠で捉えようとしても、その種別や障害の程度はさまざまである[5]。障害者の雇用の促進等に関する法律（以下障害者雇用促進法）により1976年[6]に身体障害者の雇用が義務化されて以降、身体障害者にとって働きやすい環境を作るための研究・実践が進み、そのノウハウの蓄積は社会で共有され活用されている。たとえば、エレベーターを設置する、段差を無くす、作業台の高さを工夫する、車通勤の場合駐車場のスペースを広くとる等、社屋のハードウェアの工夫、手話・点字の普及等、必要な合理的配慮を積極的に取り入れることで、一般企業に就労可能になった人々も多い。

　それに対し、1997年に雇用が義務化された知的障害者[7]は、企業への就労割合が低く、平成25年版障害者白書 (2013)[8]によれば60％近くが福祉的事業所[9]に勤めている（**図1・図2・図3**）。これは、就労の際に求められる業務遂行能力において、知的障害者は得意な分野と不得意な分野の差が著しい傾向があることや、言語による意思の疎通が必ずしも円滑でなく、工夫が必要なケースがあること等により、労働環境にハー

ド面だけでなく、むしろソフト面においてこそ合理的配慮が必要であることが背景にある。これは知的障害者に業務遂行能力がないということではなく、健常者が行ってきた方法とはまた別の立場に立った仕事の仕方を開発する必要があることを意味している。こうした知的障害者の能力を生かすための合理的配慮を実施することは、多くの民間企業において容易いことではなく、実際、企業が知的障害者の雇用を躊躇する理由としてもっとも多く挙げられるのは、「どのような仕事を担当してもらったらよいのか分からない」というものである。また、知的障害者側も保護者を含め、一般企業への就労を「自信がない」として敬遠する傾向がある。

こうした現状があるにもかかわらず、2005年障害者自立支援法[10]（現在の障害者総合支援法[11]）が小泉政権下で成立し、障害者は横断的に就労を促されるようになった。もちろん、働く権利は、憲法27条で保障されており、障害者の権利擁護の一環とは言える。就労を進める厚生労働省も、障害者は労働の分野において、その能力を発揮する機会が確保されるとしている。しかし、障害者自立支援法が成立した背景には、国の財政逼迫により、いわゆる小さな政府を目指す方向に転換しつつあるという事情がある。このいわば、建前と現実との間に生じた溝は、知的障害者も自立を目指して、好むと好まざるとにかかわらず、就労を強く意識せざるを得ない状況を生みだしている。

こうした社会情勢において、知的障害者が現在置かれている状況をみると、上述のように福祉的事業所への就労が過半数を占めるということから、平均収入の低さが際立っており、就労しているにもかかわらず、経済的自立とはほど遠いことが分かる。（**図4・図5**）。就労継続支援A型事業所[12]を除き、福祉的事業所では就労者と事業所との間には雇用関係が発生しないため、労働法の適用外となり、最低賃金法による下支えがないことが、極端な低収入の原因である。最低賃金以上を支払う就労継続支援A型事業所は、一人当たりの就労時間が短く、平均月収は6万

8,691円（2012年度）である。

　では、収入の上昇に繋がる一般企業への就労を知的障害者に推進することは、即座に有効であろうか。現在一般企業の多くが、知的障害者を社員として迎え入れ、適切な配慮のもとに各自の適性に合致した業務を切り出せるかと言えば、現実問題としては難しい。知的障害者の就労の場として準備不足である場合は、職場での軋轢が生じやすく、働き方の個性が異なる知的障害者に対して、いじめや疎外が発生しやすい。実際いじめを体験して離職するケースも少なからず存在し、中には訴訟に発展している不幸なケースもある。

　国の福祉予算が限定的であり、また知的障害者を支えている家族の収入も経済の低成長下においては不安定である現在、少なくとも最低賃金以上の収入が確保でき、かつ、福祉的事業所のようなよく準備された安心感が得られる労働環境が、知的障害者にとって必要である。これらの課題に対し、数ある障害者雇用支援策のなかで唯一構造的支援と言える、障害者雇用促進法第44条に規定された特例子会社制度[13]に着目し、同制度の活用により上記課題を解決することができるという仮説を立て、その検証を本研究において実施する。

　特例子会社は福祉的事業所と同様に障害者に対する十分な配慮により、安心して働ける労働環境を具現し、かつ最低賃金を遵守する企業体であるが、障害者雇用促進法における特例的な存在として一般企業の障害者雇用とは異なる側面をもっている。そのためインクルージョン[14]の見地からの批判、子会社設立自体の難しさを問う指摘等が存在しているのも事実である。

　そこで本書は、特例子会社制度は、最低賃金以上を保障しつつ、知的障害者が安心して働くことのできる環境を実現するという課題に資するとともに、現在投げかけられている批判が当たらないことを論証し、特例子会社の意義を明らかにすることを目的とする。

図1

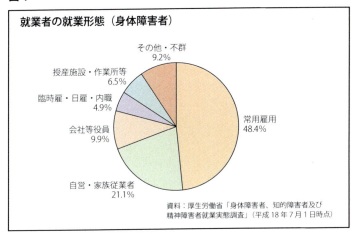

図2

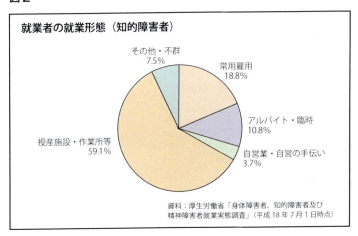

図3

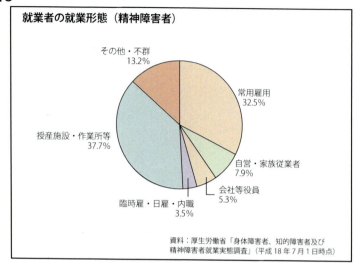

図1-3 出所：内閣府（2013）「平成25年版障害者白書」p16

図4　就労知的障害者の給料（在宅）

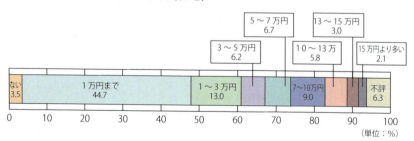

図4 出所：内閣府（2013）　「平成25年版障害者白書」　p20

図5

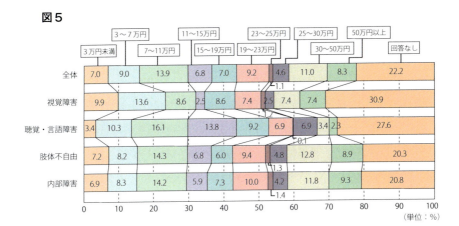

資料：厚生労働省「身体障害児・者実態調査」（平成18年）

図5出所：内閣府（2013）「平成25年版障害者白書」 p20

2　先行研究と本書の位置付け

　障害者雇用についての論文、文献は多数あるが、「特例子会社」をテーマとした研究は比較的少なく、主たるものとして以下の論文が挙げられる（年代昇順）。

輪島忍（1999）「障害者特例子会社制度について（特集　特例子会社制度について）」『労働時報』52(9)、第一法規出版、pp23-25。

猪瀬桂二（2004）「知的障害者雇用の成功事例の検証と厚生労働省の障害者雇用政策－特例子会社の事例にみる知的障害者の雇用ノウハウと地域支援ネットワーク」『地域政策科学研究』(1)、鹿児島大学大学院人文社会科学研究科　地域政策科学専攻［編］、pp21-43。

島田肇・三宅章介（2007）「特例子会社の福祉経営に関する考察：障害者雇用拡大へ向けた経営上の課題」『名古屋経営短期大学紀要』48、

名古屋経営短期大学、pp33-47。

山崎亨（2009）「特例子会社における障害者雇用の実践（働くことの意義と支援）−（企業からみた就労支援）」『作業療法ジャーナル』43(7)、三輪書店、pp725-730。

磯貝公男・中村勝二（2010）「特別支援学校における知的障害者への就労支援に関する一考察−特例子会社のニーズをもとに」『順天堂スポーツ健康科学研究』2(2)、順天堂大学、pp70-73。

小田美季（2011）「特例子会社の現状と課題に関する一考察」『福岡県立大学人間社会学部紀要』20(2)、福岡県立大学、pp29-43。

市村大三（2012）「特例子会社のメリットと課題についての一考察」『神奈川法学』第45巻 第1号、神奈川大学、pp171-192。

伊藤修毅（2012）「障害者雇用における特例子会社制度の現代的課題−全国実態調査から−」『立命館産業社会論集』 第47巻第4号、立命館大学、pp123-138。

輪島（1999）は、特例子会社数が100社を超えたばかりの比較的初期の状況を日経連障害者雇用相談室の立場から総括している。同相談室が1999年に実施した「特例子会社の労働条件に関するアンケート調査」によれば、特例子会社のタイプとしては、回答のあった65社中、資本100％民間の民間型39社、第3セクター型19社（民間企業と地方公共団体共同出資）、社福ジョイント型7社（民間企業や地方公共団体と社会福祉法人または障害者当事者の会が共同出資）となっている。2014年5月末現在では22社となっている第3セクター型（地方公共団体と民間企業との共同出資による第3セクター方式による重度障害者雇用企業）が、社福ジョイント型も含め、この時点で健闘していることが窺えるが、同相談室が前年1998年に行った調査と比して5％少なくなっていると、第3セクター型の減少傾向を指摘している。

輪島論文は1998年に同相談室が実施した「特例子会社の経営に関する

アンケート調査」の結果として、特例子会社のメリット7点を挙げている。その内容を要約する。

1）　障害者雇用率達成の有効手段となる
2）　障害者を専門的に雇用することにより、障害者雇用のノウハウが蓄積され、雇用の拡大と定着率の向上をはかることができる
3）　障害者の能力に合わせた独自の処遇・労働条件を設定することにより柔軟な対応が可能
4）　トイレ・エレベーターなど設備改善の集中による資源の有効活用と経費の削減
5）　外部委託事業を子会社により内製化することにより、社内業務体制の見直しなど、合理化・効率化のチャンスともなり、社外流出コストを削減できる
6）　子会社は独立法人であり、自助努力により経営を安定させることもできる
7）　社会的責任を果たし、企業イメージのアップ、地域貢献を可能にする

　上記メリットのなかで、とりわけ注目すべきは、5番の社外流出コストの削減と6番目の特例子会社の自助努力による経営安定に着目した点である。親会社が外注に出していた業務、たとえば社内清掃、クリーニング、名刺等印刷物の制作、社員食堂の運営等は、特例子会社の担当する業務として切り出しやすい内容であり、これらをグループ内企業である特例子会社に発注することは、上記の5、6双方の点において、有効である。現時点においては、障害者担当業務の職域をさらに広げるために、特例子会社・親会社がともに業務を細分化し、必要な補助手段を講じることにより、かつては障害のある社員には困難であると思われていた職域にまで、その担当分野は拡大している。輪島論文は、アンケート

を通し、従来、外注に出されていた企業内業務の内製化、さらに特例子会社の自助努力および経営の安定に言及しているが、それらは、現在においてもきわめて重要な課題である。

　猪瀬（2004）論文においては、主として身体障害者雇用に成果を収めてきた特例子会社が、知的障害者雇用に対しても同様の有効性が発揮できるか否かを、特例子会社3社へのヒアリングを礎に検討している。猪瀬は「はじめに」において以下のように述べている。

　　特例子会社という制度は、本来は大きな事業所の中で働く、車椅子の従業員などを想定して作られた。本社など複数の大きな施設に分散して働かせると、施設全体に車椅子用のスロープ設置が必要となる。それよりも、特定の事業所に同じような障害者を集め、その事業所に絞って集中的に改善した方が、障害者自身も働きやすく、また会社側も施設改善にかける経費を抑制できるなど、そのハード面のメリットから始まった制度である。従って、当初は特例子会社で働く従業員に、恐らく知的障害者は想定になかった。

さらに猪瀬は続けて

　　しかし、近年、知的障害者についても、特例子会社の中で集中的に働かせた方が、より効果的と思われるようになってきた。その理由は、一般企業の中に能力面に差がある知的障害者と健常者を一緒に働かせた場合、仕事面や職業生活支援で健常者の不満が生じるなど、職場に混乱を招く恐れがあり、それよりも知的障害者でまとめた方が、彼ら特有の障害特性から、逆に管理がし易いなどのソフト面の効果が理解されてきたためである。　（猪瀬2004：22）

としている。上記記述は、特例子会社をとりまく環境・状況の洞察から

得られたものと推測される。猪瀬は特例子会社を実際に訪問取材する際、その課題を以下6点挙げている。

1）「知的障害者にどんな仕事がさせられるのか」
2） そのために、「親会社は特例子会社にどんな支援を行っているのか」
3） 職場では、業務を完結するため「知的障害者の欠落した能力をどう補完するのか」
4） 職場では、自我の抑制が困難な「知的障害者の人間関係のトラブルをどう防止するのか」
5）「知的障害者の能力の向上は可能なのか。可能だとすれば、どのように向上させるのか」
6） 企業では、予め比較的良質な知的障害者を選別しているはずである。

ではその「知的障害者の採用をどう行っているのか」（猪瀬2004：23-24）

こうした視点でヒアリングを進め、下記のような結論を導きだしている。
以下、猪瀬（2004：41）を要約する。

　　ヒアリング対象企業においては、業務範囲は比較的限定的であったが、知的障害者の仕事の分担や能力向上、さらに採算面では、予想に反して、親会社の支援に一方的に頼っているのではなく、相当な努力の結果として一定の成果をあげている。ハンデのある知的障害者を抱えて市場で生き残るために、
　　1) 作業工程を分解・単純化し、 2) 新たな自助具を開発して、多く

の障害者が働ける条件を生みだし、3) 本人の能力・個性に合った仕事を開拓し、4) 担当させるための工夫を図り、5) 労働の計画や段取りを自ら立てられるよう、その自主性を育んでいる、と分析している。

さらに猪瀬はさまざまなノウハウや経験を持つ支援団体とのネットワークの重要性も指摘している。また、「厚生労働省のねらいと今後の政策展開」の章において、

「現在、厚生労働省内では、新たに精神障害者を雇用率算定に加えようとする動きが活発化してきている。知的障害者に対する雇用義務（割当雇用）化後、その検証がいまだ未消化のままの段階で、新たなステップを踏み出そうとする厚生労働省の動きには疑問を感じる」（猪瀬2004：43）と疑問を呈している。

「……雇用のより困難な知的障害者および精神障害者の実雇用の効果を上げるためには、厚生労働省は、単に数字による強化だけではなく、まずは障害の種類別に民間で成功している経営手法を謙虚に分析し、また、それが全国に普及する環境と条件づくりを図ることが重要であろう」（猪瀬 2004：43）と結んでいる。

知的障害者の雇用義務化後の検証が不十分であるという指摘、さらには大いなる努力によって開発・蓄積された民間企業におけるノウハウをもっと有効活用すべきだという指摘に関し、筆者も同意見であり、この点を分析することは精神障害者雇用の推進にも繋がると考える。

島田・三宅（2007）は、執筆時点で存在する特例子会社194社（回収72社）に対して行ったアンケート調査を基礎に、各特例子会社の属性、事業状況・障害者の就労状況・受け入れ体制等を分析している。その結果今後の課題として、

1) 障害者が就労する子会社の職種の狭さ

2）　障害者採用枠の拡大へ向けた検討
3）　子会社情報の拡大
4）　障害者が就いている業種の検討（障害者の意思にかなった仕事の拡大）
5）　障害者の能力を判定する基準の検討

等を挙げている（島田・三宅2007：46）。ここに挙げられた5点の課題は2014年現在においても、依然課題として重要である。

　山崎亨（2009）は、2005年に1万3,000人を擁するグループ企業の特例子会社設立を担当した実体験を基礎に、主として知的障害者の採用から定着に至るまでの課題を、具体的に挙げながら分析している。当初、入社試験において集団面接形式を採ったところ、本人よりも先生や家族が答えてしまう傾向があったと指摘している（山崎2009：725）。本人の意思と代理者の代弁と関係については、特に知的障害者の場合、注目すべき点である。

　磯貝・中村（2010）は、特例子会社と特別支援学校との連携の重要性に着目し、全国特例子会社252社に郵送によるアンケート調査を行っている。筆者が特に注目した部分は、

> 「家庭においては、子どもが社会に出て働くことに対する保護者の意識が希薄であることが示された。これは知的障害者が就労するにあたり重要視されている就労意識の醸成に大きな影響を及ぼすと考えられるため、学校側が早い段階から保護者に対する意識付けを行っていく必要性があるといえる」（磯貝・中村2010：73）

という指摘である。この点は、本研究の「第Ⅱ章1-1福祉的就労を希望する背景」において、障害者本人だけでなく保護者が一般就労に不安を感じていると述べた点に通ずる部分である。労働を通して社会で自立していくことへの自覚が保護者において希薄な傾向にあるとすれば、一般

就労への不安感を除去する努力をするとともに、ノーマライゼーションへの理解を社会全体が深める必要性がある。この点において、磯貝・中村論文は具体的な現状を提示している。

小田（2011）は、福岡県立大学人間社会学部紀要において、福岡県内の障害者雇用状況に焦点を当てて調査分析している。

「調査結果から読み取れる１番の大変さは、障害者雇用の維持・拡大のための特例子会社の業務確保であった」（小田2011：38）

と述べている点は、本書第Ⅰ章４-２において、企業が障害者雇用を逡巡する理由のトップとして挙げられている「業務の切り出しの難しさ」と一致している。さらに小田が取り上げている「特例子会社立地促進事業」は、特例子会社の立地を検討している首都圏と福岡県内の企業に対する支援活動である。同様の施策は他の自治体においても実施されており、注目に値する試みである。

市村（2012）は、知的障害者が従来得意としてきた清掃業務、製品の梱包、クリーニング、工場での加工・組み立て作業等の現業的業務に加えて、事務的作業も十分職域に入るという点を指摘している。パソコンソフトの発達により、たとえば経理などの事務的業務の担当も、苦手な部分を他の社員がフォローすることで可能になるとしている。さらに「おわりに」において、

> 特例子会社についてこれまで筆者は、さまざまなメリットを挙げてきたが、国連障害者権利条約等の理念から、特例子会社は「臨時的な構造」に留めるべきものであるとの指摘も根づよい。確かに「インクルーシブ」な制度という理念からは、そのように位置付けられるべきなのであろうが、現状の二％足らずという障害者雇用率でさえまだ達成されていない障害者雇用情勢からは、企業にはまだまだ特例子会社の設立を促し、障害者雇用を促進すべきであると考え

る。……（市村2012：189-190）

とインクルーシブという考え方との整合性についても触れている。市村論文においては、知的障害者が事務的作業を担当する場合、徹底したマニュアル化とメールの活用という点でかつて企業が経験した中国へのアウトソーシングを参考になるとしている点が興味深い。

　伊藤（2012）は、特例子会社におけるインクルージョンという課題に焦点を絞って問題提起をしている。2006年の国連総会において採択された障害のある人の権利に関する条約で提唱された「インクルーシブinclusive」という概念に注目し、

> 「親会社とは離れた別の職場で多くの障害者が雇用され、なおかつ、その職場で働く人のほとんどが障害者であるという状況が特例子会社にあるとしたら、それは、障害者権利条約の求める『インクルージョン』の原則に反することになる。……」（伊藤2012：126）

と述べて、シェルター性[15]（インクルーシブではない状態）が特例子会社に存在するか否かをまず見極めるとしている。そして、仮にその職場がシェルター的である場合は、次に、障害者雇用におけるインクルーシブとはまた別の機能である、保護雇用[16]（sheltered employment）の場として、その特例子会社が有効であるかどうかをみるという考え方を示している。

　特例子会社制度に関する主たる論文を見てきたが、知的障害者に最低賃金以上を保障し、かつ、十分に配慮のなされた安心して働ける環境を創出することができる構造的支援システムとして特例子会社を取り上げ、同制度へのインクルージョン等を含めた批判が当たらないことを論証した先行論文は見当たらず、本研究は知的障害者の就労環境の改善に

寄与するものと考えられる。

3 本書の構成

　本書は、「序章」、全5章および「終章」によって構成される。
　「序章」においては、問題の所在と本研究の目的を明示し、特例子会社制度をテーマとした先行論文との位置関係と、本研究の新規性について言及する。
　第Ⅰ章においては、民間企業の立場からは、ともすると利潤追求とは反対の方向に働くのではないかと考えられがちな障害者雇用を、企業も含めた社会全体が推進し、今日の法定雇用率制度[17]を制定するに至った歴史的経緯を振り返る。
　さらに、その法定雇用率制度を受けて、企業は努力し、実雇用率[18]は上昇傾向にありながら、数年ごとに改定され引き上げられる法定雇用率に追いつけない状況を精査し、我が国の法定雇用率の妥当性をその算出プロセスを含めて確認する。
　また、障害者雇用に取り組む企業への支援として、助成金を中心とした多くの金銭的支援、コンサルティング支援が実施されているが、それらを超えて、より有効な構造的支援として、特例子会社制度の存在を取り上げ、その概要を説明する。
　第Ⅱ章においては、知的障害者の収入と生活原資および特例子会社の賃金の現状を、データを中心に精査し、低収入であることが既に判明している福祉的事業所を敢えて選択し、就労する背景について分析する。
　第Ⅲ章においては、本研究において実施した特例子会社を対象とした質問紙調査の結果を分析する。また、実際に筆者が見学・ヒアリングを行った特例子会社の具体例を参考にしながら、知的障害者にとって働きやすい環境を創出するための知見を示す。

また、企業就労を念頭においた特別支援学校の職業プログラムと、実際の就労との関連についてその有効性を確認する。

　第Ⅳ章においては、特例子会社に対する批判として、学術的な分野および一般社会において取り上げられている２要素に焦点を当てる。本研究の課題は知的障害者の労働環境と収入の改善であり、「知的障害者」に関する研究であることから、その見地から、それぞれの批判が当たらないことを論証し、特例子会社制度の意義を今一度確認する。

　第Ⅴ章においては、特例子会社が多くの工夫や配慮を駆使して、積極的に知的障害者の雇用を進める上で考えなくてはならない問題点を、今現在から将来にわたる３つのレンジに分けて検討する。

　「終章」においては、本書の全体を振り返り、今般特例子会社が「序章」に掲げた課題の解決策として有効であるという実証および論証が成された内容と、今後に残された将来的課題について総括的に提示する。

第Ⅰ章
日本における障害者雇用の変遷

1　1951年国際労働機関（ILO）へ再加盟 ………… 28
2　法定雇用率制度制定／障害者権利条約批准
　　までの経緯 ………… 30
3　上昇する実雇用率と未達成の法定雇用率 ………… 36
4　構造的支援としての特例子会社制度 ………… 42

1　1951年国際労働機関（ILO）へ再加盟

「序章」において、現在の日本の障害者雇用の基盤が、共生社会形成の実現に置かれていることを確認した。それでは、共生社会を可能ならしめる社会的基盤、つまり、障害のある人々が他の人々と同様に社会に参加し、共に生活していくために必要な社会システムの構築（ノーマライゼーション[19]）は、どのようになされてきたのだろうか。国際的な機関との連携を含め、雇用政策を中心に我が国の障害者を巡る歴史を振り返ってみる。

今日の日本の障害者雇用の歴史は、1945年の第二次世界大戦終戦に端を発している。戦争によって負傷した軍人・民間人への施策が急務となり、障害者雇用施策が重要な課題となった。日本は1940年に脱退したILOに1951年再加盟し、再び加盟国として責務を果たすこととなった。ここで、ILOについてその基本的な理念をみてみよう。

ILOは、1919年にベルサイユ条約第13編（後のILO憲章）によって設立された国際機関で、労働条件の改善を通じて、社会正義を基礎とした世界平和の確立に寄与することを目的としている。ILOは、政府、労働者、使用者の三者構成で運営されており、世界のすべての人にディーセント・ワーク（働きがいのある人間らしい仕事）を実現するため、国際労働基準の設定・監視、雇用機会の増進や基本的人権を確保するための国際的な政策・計画の策定、技術協力、教育・調査など多岐にわたる活動を展開している。[20]

ILOが発足した1919年は、第一次世界大戦（1914-1918）後の社会改革への気運の高まり、とりわけ各国の労働組合活動が活発になってきた時期に当たる。日本は1940-1951年の間、第二次世界大戦の影響で脱退していたが、1919年時点での創設メンバーであった。

上記事務所によれば、現在日本はILO通常予算に対する第2位の拠

出国で、2014年の日本の分担金率は、トップのアメリカ（22％）に次ぐ10.839％、拠出額は4,125万スイスフラン（1スイスフラン＝約100円）である。この他に、技術協力事業に対する任意拠出金においても主要なドナー国であり、2012-2013年では約1,360万ドルを拠出している[21]。

さて、日本再加盟後数年を経た1955年、ILOは、「身体障害者の職業更生に関する勧告」（第99号勧告）を採択するに至る。この勧告においては、障害者雇用に関する各種施策原則、雇用機会を増大する方法を含む詳細を規定しており、加盟国である日本も大きな影響を受けた。「身体障害者の職業更生に関する勧告」（第99号）（第38回総会で1955年6月22日採択）は以下のとおりである[22]。

> 障害者がその身体的、精神的、社会的、職業的、経済的有用性を可能な限り回復できるためには、そのリハビリテーションが必要不可欠であるとの理念に基づき、障害者の職業リハビリテーション、職業指導、職業訓練、職業紹介のあり方について勧告する。障害者の雇用機会を増大する方法、保護雇用などについても規定する。1983年の職業リハビリテーション及び雇用（障害者）条約（第159号条約）と同時に採択された同名の勧告（第168号）で補足されている。なお、第159号条約は1992年6月12日に批准され、当勧告はその中で、『職業リハビリテーション（障害者）勧告』と称されている。

なお、条約とは、加盟国の批准によって、その規定の実施を義務づける拘束力を生じる。勧告は、政策、立法、慣行の指針となるものである。この第99号勧告において特に注目されるのは「障害者の雇用機会を増大する方法、保護雇用などについても規定する」という一項であり、本研究ともとりわけかかわりの深い部分と言えよう。保護雇用とは、第99号勧告の定義によれば、「障害のために、通常の一般雇用の条件のもとでは雇用されない人々のために、特別な条件のもとで提供される雇用形態」

第Ⅰ章　日本における障害者雇用の変遷　29

とされている。保護雇用については、第Ⅳ章において詳細に検討する。

戦後の日本はその復興とともに、国際労働基準に則り、障害者雇用施策を進展させ、1960年「身体障害者雇用促進法」制定、さらに1976年「身体障害者雇用促進法」改正により、身体障害者雇用が事業主に義務化されるに至った。義務化以降、図6に示す通り、民間企業における障害者実雇用率は年々上昇し、1987年知的障害者が適用対象に加わるという改正を経て、2014年においては、実雇用率1.82％と過去最高を記録している。もちろん、1.82％は現時点（2013年4月以降）における法定雇用率2.0％を下回っており、さらなる努力が必要とされていることは言うまでもない。しかし、実雇用率が上昇基調にあること自体は、共生社会実現への社会全体の努力の顕れであろう。なお、法定雇用率は、民間企業、公的機関、独立行政法人等の3種類にそれぞれ異なる数値が設定されており、2013年4月以降、民間企業2.0％、公的機関2.3％、ただし都道府県等の教育委員会は2.2％、独立行政法人等2.3％となっている。本研究においては、民間企業を対象に議論を進めることから、以降、「法定雇用率」は民間企業の法定雇用率を指すものとする。

次節において、法定雇用率で規定された障害者雇用人数に対し、その不足人数分の納付金徴収を伴う義務化を社会が支持し、社会活動を通して推進してきた経緯を辿り、また現時点で直面している障害者雇用促進への問題点を探る。

2　法定雇用率制度制定/障害者権利条約批准までの経緯

2-1　行政措置期間　戦後-1960/努力義務期間　1960-1976

第二次世界大戦終戦直後の1945年から1960年にかけては、障害者雇用促進の基盤となる法律が制定されておらず、行政的な措置に留まっていた。障害者関係団体は、障害者雇用における法的根拠の確立を求めて、

活動を続け、1955年、全国社会福祉協議会連合会[23]身体障害者部会は、割当雇用法[24]の法制化要求を決議し、他の障害者関係団体もこれに続いた。さらに1955年ILO総会にて採択された「身体障害者の職業更生に関する勧告（第99号勧告）」も、国内のこうした活動をバックアップする形となり、1960年「身体障害者雇用促進法」が制定されるに至った。法的義務を伴わない事業主の努力義務ではあったが、初めて法定雇用率制度（割当雇用制度）が採用され、後に繋がる大きな一歩となった。

　1960年「身体障害者雇用促進法」制定時の民間事業所における障害者法定雇用率は、現場的事業所1.1%、事務的事業所1.3%であった。1961年の実雇用率は0.78%で、以降順調に実雇用率を伸ばし、1968年には実雇用率1.13%となるが、同年法定雇用率が1.3%に引き上げられる。さらに実雇用率も5年後の1973年には1.30%に上昇し、法定雇用率をクリア、1975年には実雇用率1.36%[25]で、法定雇用率を上回るようになった。

　順調な推移の背景には、事業主への支援を始めとする各種助成措置の効果がある。と同時に、1960年代当時の高度経済成長による労働吸収力の高さが大きな要因として存在している。この時期においては、労働力不足のひとつの解決策として、規模の小さい企業を中心に障害者を雇用する傾向がみられた。しかし、1973年のオイルショックを契機に景気が落ち込むと、障害者の解雇やレイオフ、新規雇用の手控えが即座に発生し、その立場の脆弱さが浮き彫りになった[26]。

2-2　身体障害者雇用法的義務化開始　1976

　上記の経緯を経て、障害者就労における身分の安定、継続的な雇用を求める活動が盛んになり、障害者関係諸団体は1976年「身体障害者雇用促進法改正をすすめる会」を結成、国会請願署名運動等を開始した。一方、労働省も身体障害者雇用審議会に「障害者の雇用の促進と安定のために講ずべき今後の対策について」を諮問し、改正への道のりを歩み始めた。

　こうした活動の結果として、「身体障害者雇用促進法」制定から16年

を経た1976年、改正が実施され、身体障害者の雇用が事業主に義務化された。同改正により、「身体障害者雇用率制度」と「身体障害者雇用納付金制度」が制定され、法定雇用率遵守が事業主の法的義務となった。雇用不足人数に対し納付金を課す雇用義務化がスタートとした1976年における民間企業法定雇用率[27]は、1.5％であった。

1960年初めてわが国に障害者法定雇用率制度（割当雇用制度）が採択され、1976年にその割当雇用が事業主の法的義務として再確認されたことは大きい。しかし、この時点においての対象は、「身体障害者」に限定されていた。身体障害者への限定に関しては、1981年、国際障害者年[28]日本推進協議会が「国際障害者年・長期行動計画」において、精神薄弱者をはじめ精神障害、てんかん、難病、その他さまざまな障害をもつ者も対象にすべきことを指摘している。

さらに「昭和56年版厚生白書」の序章第3節「ノーマライゼーションの思想」（1981：13）に、以下の記載がある。

> 近年、障害者福祉の理念として注目を集めているのが、「ノーマライゼーション（normalization）」の考え方であり、今日では福祉に関する新しい理念全体を表す言葉として、世界的に用いられるようになってきている。この言葉は歴史的にみると、スカンジナビア諸国を発祥の地として、「常態化すること」すなわち、障害者をできる限り通常の人々と同様な生活をおくれるようにするという意味で使われ始めたとされている。ノーマライゼーションの思想、運動がおこったのは、障害者に関して「常態」とはいえない状況がみられたからである。つまり、障害者に対する取組みの姿勢が必ずしもその人間性を十分尊重したものでないような状態に陥りがちであったことへの反省から、これをあるべき姿にもどそうとして、起こってきたものとされている。……

と述べられており、身体障害者に限らず、障害者全体を通してのノーマライゼーションを世界的流れとして、厚生省が捉えていることが窺える。

2-3　知的障害者雇用対象化開始　1987

1981年の国際障害者年日本推進協議会の指摘と相まって、全日本精神薄弱者育成会は、知的障害者への雇用率制度の適用を求めて行動を開始した。さらに1983年ILO総会において「職業リハビリテーション及び雇用（障害者）に関する条約」（第159条約）が採択され、心身障害者を対象とする必要性が認識されるようになってくる。

障害者の職業リハビリテーション及び雇用に関する条約（第159号）（第69回総会で1983年6月20日採択。条約発効日：1985年6月20日）の概要は、ILO駐日事務所によれば、以下の通りである。

> 日本の批准状況：1992年6月12日批准
> 障害者の適切な雇用と社会統合を確保することをめざす第159号条約の批准国は、「正式に認定された身体的または精神的障害の結果として、適当な職業に就き、それを継続し、それにおいて向上する見込みが相当に減少している者」のために適切な職業リハビリテーションの対策を講じ、雇用機会の増進に努めるものとされる。この条約に基づいて心身障害者のために取られる措置は、それ以外の労働者との関連では差別待遇とはみなされない。また、国のリハビリテーション政策の実施段階では、代表的な労使団体並びに障害者の及び障害者のための代表的な団体が協議にあずかるべきものとされる。条約は第1部で「障害者」と職業リハビリテーションの概念を定義し、第2部で障害者のための職業リハビリテーション及び雇用に関する国の政策の原則を規定し、第3部で障害者のための職業リハビリテーション及び職業紹介等雇用サービスの開発において講じ

るべき措置を記す。同時に採択された同名の勧告（第168号）（正式名（採択時仮訳）：職業リハビリテーション及び雇用（障害者）に関する勧告）及び1955年採択の職業更正（身体障害者）勧告（第99号）（当条約では「職業リハビリテーション（障害者）勧告」と称されている）は、さらに詳細な規定を行う。

こうした数々の動向を踏まえて、1987年、法律の名称が「身体障害者雇用促進法」から「障害者の雇用の促進等に関する法律」（略称：障害者雇用促進法）に改められ、身体障害者に加えて知的障害者も適用の対象に入ることになった。

1988年、法定雇用率が1.6%に引き上げられ、さらに約10年後の1997年、法改正により、知的障害者の雇用が義務化された。翌年の1998年法定雇用率が1.8%へと上昇する。2006年、さらなる改正により精神障害者および短時間労働者も適用対象となる。2013年4月より、法定雇用率は2.0%となった。精神障害者は2014年11月時点において義務化の対象ではないが、実雇用率に算入することができる対象となっている。また、2018年4月より、精神障害者雇用も義務化されることが既に決定している。

「国際障害者年行動計画」[29]に記された「障害者などを閉めだす社会は弱くもろい社会であり、障害者はその社会の他の者と異なったニーズをもつ特別の集団と考えられるべきでなく、通常の人間的ニーズを満たすのに特別の困難をもつ普通の市民と考えられるべきです」というメッセージを支持する形で、わが国の障害者雇用推進も進展してきている。[30]

2-4 障害者の権利に関する条約の批准と主な関係法

我が国は2007年9月、「障害者の権利に関する条約（略称：障害者権利条約）（以下障害者権利条約とする）」に署名し、2014年1月に批准するに至った。この条約は第61回国連総会本会議においてコンセンサス

採択[31]され、2008年5月に発効した。日本は141番目の締結国である。2014年3月末現在、締結国は143か国となっている。

外務省による本条約の紹介内容を下記引用する。

> 障害者の権利に関する条約（略称：障害者権利条約）
> （Convention on the Rights of Persons with Disabilities）
> 平成26年10月31日
> 障害者権利条約は，障害者の人権及び基本的自由の享有を確保し，障害者の固有の尊厳の尊重を促進することを目的として，障害者の権利の実現のための措置等について定める条約です。
> この条約の主な内容としては，(1)一般原則（障害者の尊厳，自律及び自立の尊重，無差別，社会への完全かつ効果的な参加及び包容等），(2)一般的義務（合理的配慮の実施を怠ることを含め，障害に基づくいかなる差別もなしに，すべての障害者のあらゆる人権及び基本的自由を完全に実現することを確保し，及び促進すること等），
> (3)障害者の権利実現のための措置（身体の自由，拷問の禁止，表現の自由等の自由権的権利及び教育，労働等の社会権的権利について締約国がとるべき措置等を規定。社会権的権利の実現については漸進的に達成することを許容），(4)条約の実施のための仕組み（条約の実施及び監視のための国内の枠組みの設置。障害者の権利に関する委員会における各締約国からの報告の検討），となっています。……

以上が示すように、その内容は一般原則、一般的義務、障害者の権利実現のための措置、条約の実施のための仕組みから構成され、単に理念を掲げるだけではなく、その実現に向けて現実的な配慮がなされている。日本が障害者権利条約批准までに時間がかかった理由としては、締結の前に国内法の整備を目指した点が大きい。平成26年版障害者白書（内閣府2014：14）によれば、「……条約の締結に先立ち、国内法の整備

をはじめとする諸改革を進めるべきとの障害当事者等の意見も踏まえ、政府は2009年12月、内閣総理大臣を本部長、全閣僚をメンバーとする『障がい者制度改革推進本部』を設立し、集中的に国内法制度改革を進めていくこととしました。これを受け、障害者基本法の改正(2011年8月)、障害者総合支援法の成立(2012年6月)、障害者差別解消法の成立および障害者雇用促進法の改正(2013年6月)など、様々な法制度整備が行われました。……」

と、その間の状況を報告している。こうした経緯による関係法の成立および障害者権利条約の締結により、日本の障害者の権利に対する各種の取組みが一層活発に実施され、ノーマライゼーション実現に対し積極的に前進していくことが推測される。とりわけ、国連に設置されている「障害者権利委員会」への定期的な報告書の提出、およびそれに基づく同委員会からのフィードバックは、一種の監視機能としてどのように作用するか今後注目されるところである。

3 上昇する実雇用率と未達成の法定雇用率

1節および2節において、終戦直後から今日に至るまでのわが国の障害者雇用施策の推移を記した。ILOの国際基準をガイドラインとして尊重し、また国民による社会運動と世論の支持を基礎として障害者雇用施策は進展してきたのであるが、1976年の義務を伴う法定雇用率制度導入以降、図6が示す通り、法定雇用率はクリアされていない。つまり、企業による実雇用率は、法定雇用率を常に下回ってきた。法定雇用率達成企業割合は低下傾向をもって停滞しており、2013年は42.7％と、前年2012年の46.8％よりも4.1ポイント低下している。これは2013年4月に法定雇用率が1.8％から2.0％に引き上げられた影響があると思われる。2014

年法定雇用率達成企業割合は、44.7％とやや回復しているものの、依然として50％を大きく割り込んでいる。

図6　法定雇用率・実雇用率・法定雇用率達成企業割合の推移

	法定雇用率(%)	実雇用率(%)	達成企業の割合(%)		法定雇用率(%)	実雇用率(%)	達成企業の割合(%)
1979	1.5	1.12	52.0	1997	1.6	1.47	50.2
1980	1.5	1.13	51.6	1998	1.6/1.8	1.48	50.1
1981	1.5	1.18	53.4	1999	1.8	1.49	44.7
1982	1.5	1.22	53.8	2000	1.8	1.49	44.3
1983	1.5	1.23	53.5	2001	1.8	1.49	43.7
1984	1.5	1.25	53.6	2002	1.8	1.47	42.5
1985	1.5	1.26	53.5	2003	1.8	1.48	42.5
1986	1.5	1.26	53.8	2004	1.8	1.46	41.7
1987	1.5	1.25	53.0	2005	1.8	1.49	42.1
1988	1.5/1.6	1.31	51.5	2006	1.8	1.52	43.4
1989	1.6	1.32	51.6	2007	1.8	1.55	43.8
1990	1.6	1.32	52.2	2008	1.8	1.59	44.9
1991	1.6	1.32	51.8	2009	1.8	1.63	45.5
1992	1.6	1.36	51.9	2010	1.8	1.68	47.0
1993	1.6	1.41	51.4	2011	1.8	1.65	45.3
1994	1.6	1.44	50.4	2012	1.8	1.69	46.8
1995	1.6	1.45	50.6	2013	1.8/2.0	1.76	42.7
1996	1.6	1.47	50.5	2014	2.0	1.82	44.7

出所：平成25年および26年障害者雇用状況の集計結果[32]（厚生労働省2013、2014「民間企業における雇用状況の推移」）より筆者作成

（図6に記載されていない1977-1978年に関しては、厚生労働省2003年発表「身体障害者及び知的障害者の雇用状況について」による数字を引用すると、1977年実雇用率1.09％、1978年1.11％である。さらに小野（1990：5）によれば、達成企業割合は52.8％、52.1％となっている。）

法定雇用率を達成できない状況は、必ずしも事業主が努力をしていないということを意味するわけではなく、1976年以来、実雇用率が着実に上昇してきた点は評価されるべきである。実雇用率は、1977年の1.09％に始まり、2014年には過去最高の1.82％となっている。雇用人数も実雇用率と同様に着実に上昇して、2014年に過去最高の43万1,225.5人を記録している[33]。つまり、実雇用率と雇用人数はほぼ年々上昇しているにもかかわらず、法定雇用率達成企業割合は半数を割り、低迷しているというのが現状である。では、実社会の情勢に鑑みて、わが国の法定雇用率設定が高すぎるのであろうか。次項において、法定雇用率設定の妥当性を、検証する。

3－1　労働政策審議会障害者雇用分科会による議論

　法定雇用率は、全労働人口に対する全障害者労働人口の割合（失業者を含む）を前提とした算定式に基づいて制定されている。厚生労働省による実際の算定式と、それを審議する労働政策審議会障害者雇用分科会による議論を確認してみよう。

　労働政策審議会[34]は、厚生労働大臣等の諮問に応じて、労働政策に関する重要事項の調査審議を行う機関であり、その中に障害者雇用分科会が設けられ、障害者雇用関連の政策審議において重要な役割を果たしている。公益委員、労働者代表、使用者代表、障害者代表の出席により、議論がなされ、議事録は厚生労働省により公表される。

　2013年4月1日付にて施行された法定雇用率1.8％から2.0％への引き上げについても、労働政策審議会障害者分科会において議論がなされた。2012年5月23日の議題「障害者雇用率等について（案）」において示された雇用率2.0％への引き上げの根拠と、使用者側を含む委員からの質疑応答は以下の通りである。

　まず、2.0％の算定経緯は、同分科会資料（2012年5月23日）によれば下記の通りである。

「障害者雇用率の設定の基準となる数値の調査結果について」
(常用雇用身体障害者数＋常用雇用短時間身体障害者数＋失業身体障害者数＋常用雇用知的障害者数＋常用雇用短時間知的障害者数＋失業知的障害者数)
÷(常用雇用労働者数＋常用雇用短時間労働者数×0.5－除外率相当労働者数[35]＋失業者数)

{37.8万人＋1.6万人＋19.1万人＋9.9万人＋0.9万人＋6.7万人} ＝ 76.0万人

{(3,432万人＋317万人×0.5)×(1－0.054)＋272万人} ＝ 3,668.6万人
(注1)(注2)(注3)(注4)

76.0万人÷3,668.5万人＝2.072%

(注1) 常用雇用労働者数(総務省統計局「労働力調査」より推計)
(注2) 常用雇用短時間労働者数(総務省統計局「労働力調査」より推計)
(注3) 除外率相当労働者数の割合(平成23年障害者雇用状況報告)
(注4) 失業者数(総務省統計局「労働力調査」より推計)

使用者代表からは、次のような質問・意見(要約)が出されている。

1) 障害者の失業者の定義はどのようなものか。
2) 法定雇用率引き上げにより達成から未達成になってしまう企業、新たに雇用義務を課せられる企業への周知をしっかりと行って欲しい。また、円高・デフレ・原材料高・労働に関する規制強化・社会保障費の負担増等、中小企業の経営環境は厳しい。このたびの引き上げに対する中小企業への取り組みを円滑にするために支援・周知が必要。
3) 50名ラインにあまり負荷を掛けるのもいかがなものか。中小企業でも100名を超えるくらいならある程度いいのかなと思うが、50名クラスの企業にあまり負荷がかかるのはどうか。

以上のような質問に対し厚生労働省が下記の内容の回答をし、結果異議なしにて厚生労働省案は「妥当」と認められた。
　厚生労働省の上記質問・意見に対する回答（要約）

1）　実際に働いていなくて、働く意欲があって、仕事を探しているという、失業の三要件を満たす人たちを「失業身体障害者」「失業知的障害者」としている。労働力調査の失業の概念と同じ概念である。
2）　今回の法定雇用率の水準の設定は機械的な計算によって行われているものではあるが、企業に対する規制であることは間違いない。今回の法定雇用率の見直しは15年振りの引き上げとなり、きっちりと企業に対して周知できるようにするとともに、ハローワーク等で行っている支援措置、助成金等、行政サービス等について、企業に伝えることは今まで以上に必要である。また、好事例の紹介についてもしっかりと知らせていきたい。
3）　例えば特定求職者雇用開発助成金は、大企業よりも中小企業に対して助成額は高めに設定されている。障害者初回雇用奨励金（ファーストステップ助成金）は、中小企業だけが対象となっている。今後、障害者雇用へのアドバイスも含めて、中小企業には手厚く対応していかねばならない。

　このようなやりとりが交わされた際に、労働者代表から出された以下の発言が状況を端的に表している。

　今回の提案は、障害者の雇用促進等に関する法律に基づいて、当該割合の推移に関して定めた政令に基づく数字の見直しが、機械的に行われるという受け止めをさせていただきたいと思う。

法定雇用率の見直しに関しては、上記労働者代表の発言の通り、障害者雇用促進法第43条第2項及び第54条第3項において、少なくとも5年ごとに、上記算定式により当該割合を算定し、見直しすることと規定されている。したがって、いわば規定通りの算定による結果として、引き上げがなされたと考えることができよう。2003年、2008年の見直し年においては、法定雇用率は現行を維持し引き上げを行わなかった。2013年4月の引き上げは15年ぶりの引き上げとなる。

3-2　世界の法定雇用率

　世界における状況はどうであろうか。厚生労働省による「各国の障害者雇用支援施策と雇用率制度の対象範囲[36]」によれば、ドイツでは、2008年現在、法定雇用率は民間・公的部門5％（従業員20名以上の企業が対象）で、民間の実雇用率は3.7％となっている。また、独立行政法人高齢・障害・求職者雇用支援機構　障害者職業総合センター（2012：22）によれば、ドイツの2009年における実雇用率は、民間3.9％、公的6.3％、全体で4.5％となっている。

　フランスでは、2008年現在、法定雇用率6％（民間・公的部門）で、実雇用率は2.6％（上記厚生労働省資料）、2009年2.7％（独立行政法人高齢・障害・求職者雇用支援機構　障害者職業総合センター 2012：77）である。ドイツ、フランスともに、実雇用率は法定雇用率を割り込んでいるが、それぞれの実雇用率は、日本の1.82％（2014）をかなり上回っている。

　さらに各国の法定雇用率をみてみよう。独立行政法人高齢・障害・求職者雇用支援機構　障害者職業総合センター（2007：70）によれば、イタリア7％、ポーランド6％、オーストリア4％、トルコ3％、スペイン2％となっている。アメリカ、イギリスは現在、割当雇用制とは別の形で障害者雇用の促進にアプローチしており、雇用率制度を採用していない。

小野（1990：2）によれば、ドイツは1920年の段階で既に、官公庁は傷痍軍人のための職を2％留保することが法により義務付けられ、民間企業においても20-50人の従業員につき1人、50人増加するごとにさらに1人の戦傷障害者雇用することが定められていた。1923年には障害者の枠がドイツ国民の障害者すべてに広がり、雇用率および法律違反に対する罰金制度も定められた。こうしたドイツの法制は、オーストリア、イタリア、ポーランド、フランス、デンマークにも影響を与え、今日の障害者雇用の礎となっている。

　日本は、1960年に「身体障害者雇用促進法」が罰則を伴わない形で制定され、その後1976年身体障害者雇用義務化へと発展していくのであるが、出発がヨーロッパ諸国より遅いのは否めず、それが現在の法定雇用率の差となって現れているとも考えられる。

　以上の経緯から、雇用率制を採用している他の国々と比較して、我が国の法定雇用率は、比較的低い方に位置していることが分かる。共生社会を目指す日本において、法定雇用率は、法的根拠に基づき合理的なプロセスを経て算定されており、国際比較においても決して高い基準設定とはいえないと考えられる。

4　構造的支援としての特例子会社制度

　社会的コンセンサスに基づいて今日の障害者雇用政策は制定され、また法定雇用率の算定も共生社会の形成を目指す日本にとって、おおむね納得のいくものであろう。しかし、民間企業が法定雇用率を達成するに当たって、つまり、障害者を実際に雇用する現場においては、種々の困難や不慣れな状況に遭遇するのもまた事実である。実雇用率は年々上昇しながらも、法定雇用率がクリアできないでいる現状において、今一段の努力が必要であることは明白であるが、それは単に企業側だけの努力

によるものだけではなく、ノーマライゼーションの理念は社会全体が協力すべきものである。そうした背景から、第Ⅰ章3－1「労働政策審議会障害者雇用分科会による議論」において記載したように、こうした困難を克服するための支援として、国および地方自治体は、いろいろな施策を講じている。

障害者雇用促進法に基づく法定雇用率制度、障害者雇用納付金制度がまず大きな前提として存在している。さらに、障害者雇用における公的支援としては、金銭的な助成による支援およびコンサルティング的支援のふたつに大きく分けられる。

金銭的な支援は、障害者雇用によって企業に生じる種々の費用を助成し、その金銭的負担を軽減することを主たる目的にしている。現在実施されている主な金銭的支援策を、脚注にまとめた[37]。

コンサルティング的支援は、ジョブコーチによる支援、各種サポート機能を集約したセンターの設立など、障害者雇用に関する相談やコンサルティング等ソフト面での支援を主体としている。同支援は、実際の労働の場において障害者の力を生かし、働きやすい環境を維持するために、前述の金銭的支援や次に紹介する構造的支援を活用する場合においても、積極的に併用することでその効果を上げている。代表的なコンサルティング的支援策について、脚注にまとめた[38]。

金銭的な支援およびコンサルティング的支援のいずれも企業が障害者雇用を行う上で大切であるが、上記のいずれとも異なる支援、本研究では「構造的支援」と名付けるが、その構造的支援として位置付けられるのが、特例子会社制度である。特例子会社制度が、他の支援とはまったく異なる点は、障害者雇用促進法の基本原則に対する条件付き特例であることである。本来、民間企業一社一社の事業主が責任をもって法定雇用率に規定された人数以上の障害者を雇用することが義務付けられている。金銭的支援およびコンサルティング的支援は、その義務を企業が果たしていく上で、できるだけの助力を与えていこうという考え方に立脚

している。

　それに対し、特例子会社制度は、障害者雇用に適した子会社を別途設立し、そこにおいて積極的に障害者雇用を進めていこうという、構造的に異なる考え方に立った支援策である。基本原則に対する特例的制度として、特例子会社制度は企業の障害者雇用にきわめて強力に作用するものと考えられる。以下、特例子会社の基本的機能について、その概要を説明する。

4－1　1987年に制定された特例子会社制度

　特例子会社制度は、1976年にスタートし（局長通達）、1987年の法改正により法律上規定され（障害者雇用促進法　第44条）、翌年4月に施行された。また2002年10月、グループ適用が可能となり、特例子会社を持つ親会社については、関係する子会社も含め、企業グループによる実雇用率算定ができるようになった。1976年は、身体障害者の雇用が義務化された年であり、1987年は知的障害者が実雇用率算定の対象となった年である。障害者雇用の大きな変革の節目と、特例子会社制度の位置付けの変化とが、時系列的に連動していることがみてとれる。

　厚生労働省による特例子会社制度の概要説明によれば、同制度は以下のように規定されている[39]。

　　障害者雇用率制度においては、障害者の雇用機会の確保（法定雇用率＝2.0％）は個々の事業主（企業）ごとに義務づけられている。一方、障害者の雇用の促進及び安定を図るため、事業主が障害者の雇用に特別の配慮をした子会社を設立し、一定の要件を満たす場合には、特例としてその子会社に雇用されている労働者を親会社に雇用されているものとみなして、実雇用率を算定できることとしている。また、特例子会社を持つ親会社については、関係する子会社も含め、企業グループによる実雇用率算定を可能としている。

○ 特例子会社認定の要件
(1) 親会社の要件
　　親会社が、当該子会社の意思決定機関（株主総会等）を支配していること。
（具体的には、子会社の議決権の過半数を有すること等）
(2) 子会社の要件
　① 親会社との人的関係が緊密であること。（具体的には、親会社からの役員派遣等）
　② 雇用される障害者が5人以上で、全従業員に占める割合が20％以上であること。
　　また、雇用される障害者に占める重度身体障害者、知的障害者及び精神障害者の割合が30％以上であること。
　③ 障害者の雇用管理を適正に行うに足りる能力を有していること。
　　（具体的には、障害者のための施設の改善、専任の指導員の配置等）
　④ その他、障害者の雇用の促進及び安定が確実に達成されると認められること。

　つまり、ひとつの企業が本来自社内で雇用すべき障害者を、自社のみで雇用するのではなく、障害者雇用に適した環境をもつ子会社を設立し、その子会社において積極的に障害者を雇用することで、親会社あるいはグループ会社内において、実雇用計算上、合計して算定できるというシステムが、特例子会社制度である。
　特例子会社制度は、障害者雇用の仕組み・構造の根幹に関わる特例である点が最大の特徴であり、かつ評価の分かれるところでもある。特例子会社制度に寄せられる批判等に関しては、第Ⅳ章で検討する。
　特例子会社一覧（厚生労働省発表）よれば、2014年5月末現在におけ

る特例子会社総数は391社となっており、そのうち1987年の法制定以前に認定されている企業は25社である。特例子会社総数は、2010年281社、2011年318社、2012年349社、2013年378社と毎年増加しつつ推移し、2014年391社、2015年6月現在422社に至っている。

4-2 特例子会社の目的

　特例子会社において、その第一義的目的は、障害者雇用を積極的に促進することにより、親会社及びグループ企業の法定雇用率達成を可能にし、その事実を通して共生社会の実現に寄与することにある。

　一般企業は障害者への配慮は存在するものの、主として健常者を中心に運営されている。それに対し、特例子会社においては、障害者を雇用するというミッションが先に存在している。障害者雇用に特化した企業として、障害者を主体に障害者が得意な作業、それぞれの能力が発揮できる業務を選定し、社屋の設計から備品、出退勤の時間、休憩時間や休憩場所に至るまで、障害を念頭に選択設定される。また、いったんスタートしたシステムも、その後社員の意見を取り入れながら、より使いやすく調整するといった柔軟性を備えている点も特例子会社の特色のひとつである。

　一般に民間企業が障害者雇用を実施しようとその内容を詰める際、企業側が感じる一番の困難は、社内に適した業務があるかという点である。2002年に株式会社パソナが同グループセミナー参加者194社から得た「企業の雇用に関する意識調査」の結果によれば、「障害者を増員、あるいは新規雇入れを考えているか」との質問に、194社中85社が「いいえ」と回答している。その理由のトップが「担当業務の選定が難しい」（36.5%）となっている。また、厚生労働省（2009）においては、障害者を雇用するに当たっての課題のトップは「会社内に適当な仕事があるか」である。とりわけ知的障害者に関しては、社内に適当な仕事があるかどうかを83.5%の企業（全国の従業員5人以上の民営事業所約7500所が対

象)が課題として挙げている。身体障害者の場合77.1％、精神障害者の場合78.9％といずれも高い割合ではあるが、知的障害者に対してもっとも「会社内に適当な仕事があるか」について懸念していることが分かる。さらに、2010年実施、2011年発表の千葉県による県内10人以上の事業所への調査[40]において3698社から得た回答も、「障害者を雇用していない理由」の1位は、「障害のある人に適した業務がないから」となっている。

　こうした調査結果から、障害者に適した業務の切り出しに自信がないため、障害者雇用に踏み切れないケースが多く存在しているものと推測される。その突破口のひとつとして、そもそも障害者が業務を遂行しやすいように設計され、障害者が得意な仕事を主業務としている特例子会社は、多くの一般企業がもつ障害者雇用への逡巡を払拭し、障害者雇用に積極的に取り組むことを可能にする専門的な企業であると言えよう。また、特例子会社は、採算をそれほど強く意識しない傾向にある非営利型の福祉的施設と異なり、飽くまで営利企業であることが特徴であり、それが障害者の能力開発の原動力ともなっている。

4－3　特例子会社における業務内容

　特例子会社はその最大目的・使命を障害者雇用においた営利企業であるため、利潤最大化を目的とする一般企業や、非営利型の福祉的施設とは異なる特徴をもっている。一般営利企業においては、まず最終生産物への需要があり、その生産業務を遂行するための派生需要として人員が雇用されるのに対し、特例子会社では障害者雇用という人員雇用の使命が先にある。そして障害者を雇用するにあたって、適した業務、職種、環境が選択され設定されることは上述のとおりである。

　また、就労継続支援B型等の福祉的施設と異なり、特例子会社と就労者は労働契約を結び、労働法規が適用される。労働法規という点においては他の民間企業と特例子会社は同様であり、当然ながら最低賃金遵守が基本となっている。

特例子会社は社員である障害者に対し最低賃金以上を支払うとともに、営利企業として採算を意識し、利潤を上げる運営を心掛けるという点では、福祉的施設を上回る努力がなされている。特例子会社の業務内容は大きく分けて、2タイプある。ひとつは親会社の業務の中で、障害者に適した仕事を抽出し請け負うケースで、このタイプが主流である。親会社の業務に直結した仕事、例えば電鉄会社であれば駅清掃等、ドラッグストアであれば荷出し等に加え、郵便物の仕分け、社員食堂の管理、名刺製作、社内清掃等日常業務を担当するケースが多く、従来、外注されていた場合も、特例子会社への発注により、グループ内の業務へと移行している。

　次に、親会社とは直接関係のない業務を新たに開発するケースもある。このタイプでは、スワンベーカリー（ヤマトホールディングス株式会社の特例子会社　株式会社スワン）が成功例としてよく知られている。同ベーカリーは、1998年開業。2014年12月現在、東京都内11店舗を中心に北海道から九州まで計29店舗を展開、ベーカリーに加えカフェも経営し、オンラインショップも人気を博している。しかし、全体としては新業種開拓タイプの先例は少なく、親会社からの業務請負が中心となっているのが現状である。

　独立行政法人高齢・障害者・求職者雇用支援機構（2011：41）によれば、特例子会社の売上高に占める親会社からの受注比率（金額ベース）が100％という特例子会社は、有効回答を寄せた194社の特例子会社中69社で全体の35.6％、90-100％未満が33.0％（64社）となっており、75％以上という回答が全体の約80％を占めている。この調査結果から、特例子会社の業務受注は、親会社からの発注が中心であるという状況が読み取れる。

　さらに同支援機構（2011：38）よれば、過去5年間における業務内容の変化については、「親会社が実施している既存の業務を新たに受注した」が104社（53.6％）でもっとも多く、次いで「親会社が外部に委託して

いる業務を新たに受注した」が78社（40.2%）となっており、やはり親会社との取引関係が先立っている。しかし、「特例子会社内で新しい事業を立ち上げ、新たな業務を作り出した」も53社（27.3%）（複数回答）あり、独立した業務開発の方向性を探る動きも出てきている。

第Ⅱ章
知的障害者の労働収入と生活原資

1 知的障害者の障害の程度による状況の差異
  （重度・非重度） ……………………………… 53
2 知的障害者の賃金水準と生活原資 …………………… 64
3 最低賃金減額の許可申請 ……………………………… 71

障害種別でみた場合、知的障害者がもっとも福祉的な職場に就労している割合が高く、福祉的職場は最低賃金法の適用外であるため、結果として平均収入が低いことは、「序章」において述べた。図4に示したように、就労知的障害者の平均月額給料は、1万円までが44.7％、1－3万円までが13.0％で、月額給料3万円未満は合計57.7％にのぼっている。働いていても、お小遣い程度の金額しか得られない人々が過半数を占めているわけで、この状態では知的障害者の経済的自立は非常に難しいと言わざるを得ない。

厚生労働省（2008：10）によれば、「全国の15歳以上64歳以下の知的障害者は、35万5千人と推計されるが、このうち、就業している者が18万7千人（52.6％）、就業していない者が16万人（45.0％）」（調査の時期：2006年7月1日現在）となっており、知的障害者における生産年齢人口（15歳以上64歳以下）の半数以上が就業していることが分かる。ちなみに、日本全体をみた場合、2010年の数字で、調査時期は4年ほどずれるが、国内における生産年齢人口8,170万人[41]中、就業者は6,257万人[42]で、就業割合は76.6％となっている。この健常者・障害者を総合した日本全体の数字に比べれば、知的障害者の就業割合は低いが、知的障害を有しながら、その過半数が就業しているという現状は、社会的自立に向けて進んでいる状況と言えよう。さらに厚生労働省（2008：11）によれば、就業している知的障害者のうち、もっとも多い就業先は授産施設等（32.2％）、次いで作業所等（26.9％）となっており、両者で就業者全体の59.1％を占めているのは、図2のとおりである。

なぜ知的障害者は、給料水準がきわめて低いと既に判明している福祉的事業所に就労するのであろうか。最低賃金法の適用下にある環境（一般雇用）に就労すれば、格段にその収入は上昇するであろう。にもかかわらず、福祉的事業所に就労し、月額3万円未満の収入に甘んじている理由は何であろうか。一般雇用の求人がきわめて少ないため希望しても実際に就職できない、心身ともに一般雇用の職場は厳しく、定着が難しい、そもそも

一般就労を希望していない等が、その理由の可能性として考えられる。

以下、知的障害者の収入を改善し、生活基盤の安定化へ向けての支援方法を探求する上で、なぜ知的障害者は福祉的就労を希望するのであろうか、その原因を分析する。

1　知的障害者の障害の程度による状況の差異（重度・非重度）

知的障害者の多くが福祉的事業所に就労しているという事実を繰り返し述べてきたが、ここにおいて福祉的事業所の具体的な形態として挙げられる、授産施設と作業所それぞれの定義を確認してみよう。ただし、2006年障害者自立支援法（現：障害者総合支援法）の施行に伴い、授産施設、作業所等の名称は、障害者就労移行支援事業所[43]、障害者就労継続支援事業所、地域活動支援センター等に移行される予定になっているが、実際には現在においても授産所・作業所という呼び方は使われている。なお、障害者就労支援事業所（A型・B型）に関しては、「序章」の「問題の所在」における文末脚注に詳細を示した。

「授産施設」に関して、生活保護法においては第6章保護施設のなかの第38条の5に規定されており、その定義は下記のとおりである。

> 授産施設は、身体上若しくは精神上の理由又は世帯の事情により就業能力の限られている要保護者に対して、就労又は技能の修得のために必要な機会及び便宜を与えて、その自立を助長することを目的とする施設とする。

知的障害者福祉法第21条の7による「知的障害者授産施設」の定義は下記である。

知的障害者授産施設は、18歳以上の知的障害者であって雇用されることが困難なものを入所させて、自活に必要な訓練を行うとともに、職業を与えて自活させることを目的とする施設とする。

　以上のように、授産施設は法律によって定められた福祉施設であり、その運営基準は設備・利用者数・職員数・支援計画の立案等、細かく規定されている。それに対して「作業所」は法律に規定されない施設であるため、運営基準等の定めは柔軟であるが、提供しているサービスの目的は、授産施設と大きな違いはない場合が多い。作業所によっては、知的障害児をもつ保護者が協力して立ち上げたケースもみられる。
　授産所・作業所に対して、障害者自立支援法成立後に登場した障害者就労移行支援事業所、障害者就労継続支援事業所（A型）は、一般企業への就労を念頭においた訓練および支援機関としての色彩が強い。B型は障害等の事情によって一般企業就労をいきなり目指すことが難しい人々が、まずA型就労等を目標として利用するケースを念頭においているものと考えられる。
　就労継続支援A型を除くこれらの事業所において支払われる工賃はおおむね実際にその組織が得た収入の分配に留まっている。福祉的施設にとって、一般市場において優位な競争力をもった製品を送り出すことは容易ではなく、その売上高は限定的である。
　では、どうして給料が低いと分かっている福祉的事業所に知的障害者は就労するのであろうか。その理由を求めて、知的障害者をその障害の程度（重度・非重度[44]）で分けて分析すると、障害の程度によってそれぞれ異なる状況がみえてくる。
　厚生労働省（2008）によれば、就業している非重度の知的障害者においては、常用雇用[45]がもっとも多く26.8％を占めている。次いで、授産施設等23.5％、作業所等22.2％と続く。授産施設と作業所等を合算すれば、45.7％と高い割合にはなるが、常用雇用の健闘が注目される。それに

対し、重度知的障害者においては、授産施設等が50.3％でもっとも多く、次いで作業所等36.9％（授産施設・作業所等の合算で87.2％）、その他5.2％、常用雇用は3.1％と、きわめて低い割合である。

次に、現在就業していない知的障害者が、就業を希望しているか否かをみてみよう。同調査によれば、就業希望ありが全体の40.9％、希望なしが49.3％ということで、就業を希望しない者の割合が高くなっている。しかし、障害の程度を重度・非重度で分けて考えた場合、非重度の現在就業していない知的障害者のうち57.1％が就業を希望しており、希望しないとする37.5％を大きく上回っている。それに対し、重度の就業していない知的障害者においては、就業希望者は25.5％、希望しないが61.0％となっている。

就業を希望する現在非就業の知的障害者の就職希望先としては、全体でみると、授産施設・作業所が36.6％でトップであり、次いで常用雇用が20.9％となっている。非重度だけでみると、常用雇用希望が29.3％でトップ、次いで授産施設・作業所が26.3％であり、常用雇用と授産施設・作業所の順位が逆転している。上記をまとめたものが図7である。

図7（表2-6）障害程度別・希望する就業形態別知的障害者状況

(単位：％)

障害程度	就業希望有り計	常用雇用	常用雇用以外	臨時アルバイト	自営	授産施設・作業所	その他	無回答
計	100.0	20.9	73.8	15.0	2.8	36.6	19.4	5.3
重度	100.0	6.4	91.5	6.4	2.1	64.9	18.1	2.1
非重度	100.0	29.3	65.2	17.2	3.5	26.3	18.2	5.6
その他	100.0	10.7	74.9	28.5	0.0	14.3	32.1	14.3

出所：厚生労働省（2008）「身体障害者、知的障害者及び精神障害者就業実態調査の調査結果について」p12より表2－6を引用

以上の資料から、現在就業していない知的障害者のうち、常用雇用を希望している者は非重度が多いことが分かる。全体を通して考えると、非重度の中で就業を希望している者が57.1％。その希望者のうち、常用雇用を希望する者が29.3％となっている。つまり、非就業の非重度知的障害者の、およそ16.7％が常用雇用を希望していることが分かる。

　厚生労働省は2006年に実施し2008年に発表した「身体障害者、知的障害者及び精神障害者就業実態調査」とほぼ同じ目的の調査を、2011年に「平成23年度　障害者の就業実態把握のための調査」という名称で実施し、同年発表している。実施時期に5年の差があるため、調査結果は異なる。以下、「平成23年度　障害者の就業実態把握のための調査」の結果[46]について確認する。

　2011年調査における15歳以上65歳未満の知的障害者の就業割合は、就業51.9％、不就業47.0％であり、2006年の就業52.6％、不就業45.0％に比べ、就業割合が減少している。しかし、就業者全体における常用雇用の割合は2011年20.1％で、2006年の18.8％より増加している。さらに障害の程度で分けてみると、重度の常用雇用は、2011年5.2％（2006年3.1％）、非重度の常用雇用は2011年27.7％（2006年26.8％）と、いずれの場合も増加していることが分かる。

　一方、調査時点で不就業であった知的障害者の就業希望状況をみてみると、2011年においては就業希望者38.8％と、2006年の40.9％より低くなっている。しかし、非重度に絞ってみると、就業希望割合は2011年57.3％で、2006年の57.1％を僅かながら上回った。希望する就業形態としては、2011年調査においては就労移行支援事業所等[47]が43.5％でトップ、続いて、常用雇用が28.5％となっている。2006年調査においては、授産施設・作業所が36.6％でトップ、続いて常用雇用が20.9％であった。障害の程度でみてみると、2011年非重度においては41.6％が常用雇用希望（2006年29.3％）、重度6.7％希望（2006年6.4％）と、非重度知的障害者の常用雇用希望は大幅に増えていることが注目される。

こうした結果から、知的障害者の就業支援を考える場合、障害の程度によって就業への希望度合が異なり、また希望する就業形態（常用雇用、福祉的雇用等）も異なる傾向にあることを念頭に入れる必要がある。

　知的障害者の収入が他の種別の障害者より低い理由のひとつは、最低賃金が適用されない福祉的就労に従事しているためであるが、障害者自身が常用雇用よりも福祉的な就労先を希望しているケースも、特に重度知的障害者においては多いことが上記調査によって明らかになった。

　東京都教育委員会による「知的障害特別支援学校におけるキャリア教育の推進」(2009)においては、知的障害の程度を手帳（東京都の場合「愛の手帳」）の度数（1－4度）[48]によって把握し、それぞれの程度による就職状況を報告している。同委員会（2009：21）がまとめた知的障害特別支援学校における手帳の度数別進路先状況（2007年度）をみてみよう。企業就労した者の割合は、手帳4度（軽度）では62%（242名）、3度（中度）では21%（49名）、2度（重度）においては1名となっている。1度（最重度）に関しては記載がなく、調査時の卒業生に含まれていないと推測される。2度（重度）においては、企業就労は1名であるが、企業就労を目指して就労支援を受けている者が5名、他は福祉的就労をしている。同調査時（平成19年度）の1年前平成18年度においては、2度の生徒6名が企業就労している。

　知的障害の程度が重度（上記調査では2度）であっても企業就労をしている、あるいは企業就労を希望して就労支援を受けている例があり、今後特別支援学校等の支援により、中度・重度であっても企業就労希望者は増加するものと予想される。とりわけ軽度知的障害者を対象とした高等部就業技術科の設立により、同科卒業生は大半が企業就労するものと思われる。従って一般企業における知的障害者に対する雇用創出は、喫緊の課題である。

　と同時に、知的障害者を全体でみた場合に、福祉的な施設での就労を希望する人々が多いことも重要な事実であり、1－1において、この点に

ついて詳細を検討する。

　なお、厚生労働省（2007：3）の推計によれば、重度・非重度それぞれの程度に相当する知的障害者数の割合は、「最重度・重度」39.3％、「中度・軽度」48.8％、である。

1－1　福祉的就労を希望する背景

　福祉的事業所は、就労する際、障害者側が利用料金を支払う必要があるケースも存在し、ここがまず一般就労とは大きく異なる。利用料金が必要な施設、不要な施設ともに存在するが、有料の事業所においては、18歳以上の場合は利用者とその配偶者の所得、18歳未満の場合は児童を監護する保護者の属する世帯（住民基本台帳上の世帯）の所得に応じた自己負担の上限月額が設定されている。基本的に1割負担で、生活保護を受けている場合等、低所得の場合は徴収されない。工賃の分配平均が月額1万4,000円程度であるのに対して、さらに利用料金の徴収があるとすれば、実質的な収入は非常に低くなる。場合によってはマイナスになることもあろう。しかし、知的障害者の就労先として福祉的事業所は、一定の支持を得ていることは、前述の厚生労働省の調査等で明らかにされたように事実である。

　丈六・佐々木（2006）「養護学校における職業教育と就労支援の在り方に関する研究(1)」[49]においては、知的障害養護学校の在校生とその保護者を対象にアンケート調査[50]を行いその結果を分析している。それによれば、保護者の就労に対する意識調査は以下のとおりである。1年生90名の保護者中、一般就労希望50名、福祉就労希望38名。3年生87名保護者中、一般就労希望37名、福祉就労48名と、3学年は1学年よりも一般就労希望者の割合が少なく、福祉就労を希望する保護者の割合が多くなっている。福祉就労を希望する保護者の最大の理由は、「一般就労に自信がない」（1年生92％、3年生69％）であり、さらになぜ一般就労に自信がないのかという理由については、「能力的に難しい」（同84％、同

67％)がトップとなっている。いずれ、一般就労に移行する考えがあるかについては、1年生の保護者の46％、3年生の保護者の26％が「いずれ一般就労に移行する」と回答している。上記は、知的障害者生徒本人の回答ではなく、その保護者の回答であることに注意されたい。

一方、同研究において、養護学校卒業生で一般就労者66名および福祉就労者19名の就労意識も調査分析している。一般就労者の86％、福祉就労者の89％は、卒業後の初職を継続している。一般就労から福祉就労へ移行5名、福祉就労から一般就労への移行1名、在宅から一般就労への移行1名となっている。「今の仕事を続けていきたいか」に対しては、87％が「続けていきたい」と回答。その理由としては、「給料で好きな物が買える」67％、「自分ができる仕事である」64％、「任された仕事があるから」50％、「頼りにされているから」44％と続く。

丈六・佐々木(2006)の調査結果により、企業就労を考える際、知的障害者本人の意向はもとより、保護者の不安感を除くことが非常に大切であることが分かる。実際に就労し、労働の現場に入れば、その仕事ぶりを評価される満足感、賃金を得る喜びに接し、働き甲斐を感じている割合が高いこともみてとれる。

田中敦士・朝日雅也・星野泰啓・鈴木清覚(2004)「福祉的就労障害者における雇用への移行と自立生活に向けた意識：身体・知的・精神障害者本人2,543名に対する全国調査から」[51]においては、障害者本人を対象に、入所施設利用者と在宅通所施設利用者に分けてアンケート調査を行っている。同調査の分析対象となった知的障害者は、505人で、「重度」17.5％、「中度」54.1％、「軽度」27.9％である。

入所施設利用者のうち、38.3％が過去に1年以上の継続就労経験を有していた。その入所施設利用者への質問として、「授産施設を出て企業で働きたいか」に対しては、「授産施設を出て企業で働きたい」56.1％、「授産施設を出て企業で働きたいとは思わない」43.9％となっている。「企業で働きたい」と回答したものにさらにその理由を質問すると、「施設から

出たい」27.8％、「高い給料がほしい」23.5％、「普通のところで働きたい」19.6％の順で多くなっている。一方「働きたいとは思わない」の理由としては、「今の生活で満足」39.4％、「無理をしたくない」15.5％となっている。

次に在宅通所施設利用者は、21.3％が過去に1年以上の継続就労を経験していた。通所者に「授産施設を出て企業で働きたいか」と質問したところ、「企業で働きたい」33.0％、「働きたいとは思わない」67.0％という結果で、通所者の方が、企業就労よりも授産施設での福祉的就労の希望割合が高いことが分かる。「企業で働きたい」とした理由は、「高い給料を得たい」31.8％、「普通のところで働きたい」27.6％、「自分の能力を試したい」12.4％の順である。「働きたいとは思わない」とする理由に関しては、「今の生活に満足している」30.8％、「能力に自信がない」29.2％となっている。

授産施設に入所している者の方が在宅通所者よりも企業就労への意欲が高いが、その理由のトップが「施設から出たい」であることは、企業就労への意欲と同時に、授産施設外での生活を希望しているともとれる。企業就労を希望しない者の理由が、入所者・在宅通所者を問わず「今の生活で満足」「無理をしたくない」「能力に自信がない」といった、現状維持の希望、一般就労へのためらいともとれる内容になっている点は注目される。

さらに、東京都福生市が、福生市全域において調査基準日平成23年5月1日現在において行ったアンケート調査のまとめ、福生市福祉保健部社会福祉課(2011)「福生市高齢者・障害者生活実態調査報告書」をみてみよう。アンケート（郵送）の対象は知的障害者の場合、市内在住の愛の手帳（1度～4度）所持者全員で、実際に回答を寄せた知的障害者は129名である。そのうち、17.8％が本人の記入、59.7％が父母の記入となっている。

「あなたは、適当な仕事があれば働きたいと思いますか」に対し、「現在働いている」29.5％、「働けない」25.6％、「働きたい」17.1％、「働きたく

ない」2.3％となっている。さらに「働きたい」と答えた者にその理由を問うと、「生きがいのため」31.8％、「生活費が必要だから」22.7％、「人とふれあいがあるから」13.6％、「健康のため」および「何もしないと退屈だから」9.1％となっている。

「働きたくない」「働けない」と回答した者の理由としては、「病気・障害があるから」75.0％、「働きたい仕事がないから」5.6％、「高齢だから」および「働かなくても生活ができる」2.8％となっている。さらに「あなたの家庭の収入は次のうちどれですか（金額の多い順に3つ以内）」という質問に対しては、「給料・賃金」30.2％、「障害基礎年金」22.5％、「国民年金」9.3％という結果が出ている。

以上の調査報告全体を分析すると、知的障害者およびその保護者は、働くこと、とりわけ企業に就労することに対し、不安感、敷居の高さを感じていることが分かる。現在の能力・状態では企業に就労することが難しいと判断し、福祉的就労を選択するケースや、場合によっては働かないという選択をするケースもある。しかし、実際に働いている、あるいは企業就労をしている人たちは、賃金が得られるということと同時に、社会から必要とされる存在になったという誇りを感じていることがみてとれる。

1−2　増加する一般雇用希望者と不足する知的障害者の一般雇用

ここまで主として知的障害者側の就労に対する姿勢や希望を分析した。次に障害者の労働市場における状況を確認する。厚生労働省職業安定局障害者雇用対策課（2013a）によれば、今から約四半世紀前の1988年民間企業に雇用されている知的障害者数は9,000人であった。1987年知的障害者が法定雇用率の適用対象となったことから、1988年以降毎年、民間企業は雇用している知的障害者数を厚生労働省に報告する義務が生じたため、正確な数字が得られるようになった。2014年民間企業に雇用されている知的障害者数は、9万203人であるから、1988年から2014年

の26年間で、9,000人から9万人余と10倍以上にその雇用数は増加した。

また、上記厚生労働省資料（2013）によれば、ハローワークにおける知的障害者の求職者数と就職件数は、今から10年前の2004年（平成16年）では知的障害者の新規求職申込件数1万8,953件、就職件数は9,102件、就職率48.0％であった。その8年後である2012年（平成24年）においては、新規求職申込件数3万224件、就職件数1万6,030件で、就職率53.0％となっており、就職率の増加もさることながら、件数規模の増大が顕著である。50％を超える知的障害者の就職率は、身体障害者の就職率が38.6％であるのに対し、かなり高いと言えよう。

同統計資料の照会先である厚生労働省に問い合わせたところ、その背景には、特別支援学校高等部、とりわけ就業技術科の卒業予定者（新卒）の躍進があると言う。卒業後企業就労することを目標にプログラムが組まれた特別支援学校高等部就業技術科においては、95％を超える非常に高い企業就職率を記録するケースが多く、そのほとんどは最終的にハローワークの求人票を通して成立している。そのため、特別支援学校高等部就業技術科卒業生の高い就職率が、ハローワークにおける知的障害者就職率全体を押し上げるひとつの要因となっていることは事実であろうが、その人数規模は比較的少数である。人数規模の大きい、就業技術科のない特別支援学校高等部に注目してみると、ここにおいても進路指導を熱心に行っており、就業技術科ほどの高率ではないが、着実に新卒者は企業就職をしている。こうした状況を考えると、特別支援学校高等部全体の努力が、知的障害者の就職率に好影響を及ぼしている可能性が高い。

ここで特別支援学校高等部の障害種別人数構成を確認してみよう。文部科学省（2013）「特別支援教育について」によれば、2012年5月1日現在において、高等部在籍生徒数6万2,499人中、知的障害5万6,773人、肢体不自由1万19人、病弱6,663人、視覚障害2,793人、聴覚障害2,310人となっており、特別支援学校高等部在籍者は圧倒的に知的障害者が多いことが分かる（複数の障害を持っている生徒がおり、合計数と総数は一

致しない)。従って、特別支援学校による就労支援プログラムを受講している割合も、当然知的障害を持つ生徒が多くなると推測される。

知的障害特別支援学校高等部全体でみた場合、その卒業生のうち、就職者は28.4％[52]であるが、就業技術科だけをピックアップすると、その就職率は非常に高い。東京都内を例にとると、高等部を有する都立知的障害特別支援学校は、全部で28校ある。その中で就業技術科を持っている学校は、2013年4月現在4校となっている。その4校の卒業生の就職率を各校のホームページで確認すると、それぞれ98％、98％、99％で、あと一校は2013年4月開校したばかりである。しかし、前述のようにその規模はまだ小さく、就業技術科を持つ特別支援学校の入学定員は、職能開発科を有するもう1校の特別支援学校を入れて5校としても、全体で340人（1学年）に留まっている。入学を希望しながらも断念せざるを得ないというケースが多く出ている。特別支援学校就業技術科において、実際の職業環境に近い校内の模擬設備で研鑽を積み、さらにインターンシッププログラムに参加し、その経験を生かして一般企業に就職するといういわば理想的なケースは、定員の関係上限られている。

特別支援学校高等部就業技術科プログラムの有効な活用をますます深めるとともに、特別支援学校のルート以外においても、知的障害者自身およびその保護者の意向を汲みながら、それぞれの状況にフィットした就労が可能になるよう、さらなる工夫が必要である。厚生労働省（2014b）によれば、ハローワークを通じた障害者の就職件数が4年連続で過去最高を更新し、就職率も45.9％と4年連続で上昇している。知的障害者の新規求職申込件数をみると、2004年度から2013年度まで連続して増加しており、就労への強い意欲が示されている。

第Ⅰ章4-2において述べたように、知的障害者雇用に関して、「社内に適当な仕事があるかどうか」を83.5％の企業が課題として挙げている（厚生労働省2009）。まさに、この課題が障害者雇用全体のボトルネックであり、とりわけ知的障害者に対する一般雇用創出拡大の妨げている部

分である。筆者が2014年10月-11月において実施した特例子会社に対する質問紙調査[53]においても、知的障害者を現在雇用していない企業全社が、「知的障害者が担当する業務を切り出せるか」を課題として挙げている。筆者が実施した質問紙調査については、第Ⅲ章において詳述する。

こうした企業側の不安感の背景には、知的障害者と日常的に接触する機会が少なく、知的障害者の能力を判断・開発・活用するための経験やノウハウの蓄積が社会全体としてまだ不足していることが考えられる。

2　知的障害者の賃金水準と生活原資

知的障害者は社会の一員として、少しずつその行動範囲を広げつつあるが、2005年の障害者自立支援法（現：障害者総合支援法）の成立以降、就労を念頭においた自立を求められる社会的傾向が強くなってきた。本研究は、知的障害者の平均収入を少なくとも最低賃金水準まで上昇させることを目標としてその方策の検討を試みている。まず現状において知的障害者はどのような労働環境で働き、どの程度の賃金を得ているのか、詳細に分析してみよう。

2－1　最低賃金法適用の労働環境と適用外の環境
2－1－1　最低賃金法適用の労働環境

知的障害者の平均収入を検討する場合、企業等、労働法規適用事業所に雇用されているケースと、福祉的事業所等において最低賃金法の適用なく働いているケースとでは、収入額が大きく異なっている。まず、企業等に雇用されている知的障害者の賃金をみてみよう。

平成20年度障害者雇用実態調査結果（厚生労働省2009）によれば、平均賃金については、身体障害者25万4,000円、知的障害者11万8,000円、精神障害者12万9,000円となっている。平成20年度の最低賃金（全国加重平

均額)が703円であるから、月160時間勤務であれば11万2,480円が月額となる。給与水準は企業毎に異なっているため一概には言えないが平均値でみれば、知的障害者賃金は最低賃金に近い設定になっている。日本経団連障害者雇用相談室編著『障害者雇用マニュアル』(日本経団連障害者雇用相談室2004：49)では、「最低賃金水準の確保」を見出しとして知的障害者の賃金設定について、Q&A方式にて以下のように説明している。

「知的障害のある社員の給与を決定するにあたって考慮すべき点があったら教えてください」
……
給与決定の留意点
知的障害のある人の雇用問題に早くから取り組んでいる障害者雇用システム研究会[54]の報告書では、知的障害者の賃金を決定する際の留意点を次のようにまとめていますので、参考にしてください。
・最低賃金の確保
・社内ですでに雇用している障害のある社員との均衡
・労働生産性の算出
・長期的な生産性についての見通し
・知的障害者に適した設備、仕事を与えた採算性を検討
・就労者の生計にかかわる試算
・法的援護措置(障害基礎年金)の考慮
・社会保険の加入(健康保険、厚生年金保険、労災保険、雇用保険)
・企業年金ならびに退職金についての検討
・福利厚生の処遇に関する検討
・生産性にあった査定や成長を評価する仕組み
・賞与の設定

上記のように、最低賃金の確保を第一に掲げている点が注目される。

また、「知的障害者に適した設備、仕事を与えた採算性を検討」という項目は非常に重要で、得意不得意が比較的はっきりしている知的障害者にとって、苦手とされる業務についている場合と、得意な業務とでは、同一人物であっても、その労働生産性や本人の働き甲斐を含めた成果に大きな差が生じる。何が得意なのか、どのような環境が本人にとって働きやすく、能率が上がるのかを、各人の多様性に合わせて研究することは大切である。また、障害者全般にわたって言えることであるが、適切な補助具等の設置によって、作業効率が大きく上昇する可能性があることも配慮する必要がある。

2－1－1－a　特例子会社における賃金

それでは、特例子会社に絞って賃金を見た場合、その数字はどのようになっているのだろうか。まず、賞与については、独立行政法人高齢・障害者・求職者雇用支援機構（2011：28）によれば、回答を寄せた特例子会社中80.9％が、「賞与はある」としている。賞与の金額は20万円-40万円38.9％、20万円未満33.1％となっており、民間企業（特例子会社）に勤務する障害者が福祉的事業所等より収入面で上回る現状の一端を示している。

日本経営者団体連盟が1999年に実施した「特例子会社の労働条件に関するアンケート調査　結果報告」（日本経営者団体連盟1999：15）によれば、「特例子会社については、親会社と異なる賃金体系である」という回答が63社中55社で87.3％。さらに独立行政法人高齢・障害者・求職者雇用支援機構（2011：24）では、特例子会社の賃金体系が親会社と同じであるとの回答は8.2％（つまり91.8％が「異なっている」か「同じではない」と考えられる）となっており、10年強を経て、賃金体系は別であるケースがやや増加している。

日本経営者団体連盟（1999：34）による知的障害者の賃金リスト（**図8**）をみると、1999年の時点で、特例子会社における知的障害者賃金は、民間企業全体における知的障害者平均賃金11万8,000円（2008年）をかな

り上回っている。

図8　年齢層と賃金（知的障害）

	人数	平均額	最高額	最低額
10代	10人	122,500円	148,000円	111,000円
20代	98人	131,474円	180,000円	88,000円
30代	11人	136,308円	186,266円	59,230円
40代	2人	253,255円	294,510円	212,000円
50代	1人	282,468円	282,468円	282,468円
60代	0人			

出所：「特例子会社の労働条件に関するアンケート調査結果報告」
　　　日本経営者団体（1999）p34より筆者作成

　しかし、独立行政法人高齢・障害者・求職者雇用支援機構（2011：70）では、雇用している知的障害者の割合が50％以上である特例子会社は、平均年収が150万円未満になる傾向が高いと指摘しており、他の障害種別者よりも知的障害者の賃金が低い傾向を示している（図9）。

図9　雇用している障害種別（知的障害者の割合）と平均年収の関係
　　　（N=192）

雇用している障害種別（知的障害者の割合）×平均年収（N=192）

	平均年収			合計
	150万円未満	150～300万円	150万円以上	
知的障害者50％未満	6	54	25	85
知的障害者50％以上	43	63	1	107
合計	49	117	26	192

※無回答（2社）を除く。

出所：独立行政法人高齢・障害者・求職者雇用支援機構（2011）「多様化する特例子会社の経営・雇用管理の現状及び課題の把握・分析に関する調査」p 70

2-1-2 福祉的事業における賃金

一方、福祉的事業所においては、最低賃金法の適用外であるため、たとえば就労継続支援事業所B型の平均月額工賃は平成23年度1万3,586円、平成24年度1万4,190円と、厳しい状況が続いている。

福祉的事業所であっても就労継続支援事業所A型は、雇用関係が発生し、最低賃金法が適用される。この点では、民間企業に近いのであるが、問題は就労時間の短さにある。平成24年度（2012年度）のA型事業の平均月収は6万8,691円で、平均時給は724円である[55]。単純計算すると、月あたり95時間労働に相当し、短時間労働を希望する人には適した環境であるが、次第に慣れてきてもう少し長く働きたい場合はその調整が課題となる。

2-1-3 知的障害者の悩み：給料が少ない／障害があっても働ける場が欲しい

本章1-1において、低収入である福祉的事業所への就労を、敢えて希望する知的障害者の背景を分析した。一方、知的障害者の最大の悩みは「給料が少ないこと」という結果が出たアンケート調査をみてみよう。先行調査2件、仙台市（2011）[56]、奈良県（2009）[57]の結果報告を分析する。

まず、仙台（2011）によると、「仕事をして困ったことは何ですか」という質問に対し、「給料や工賃などが少ない」（35.1％）がもっとも多く、以下「家と仕事をする場所を行き来するのが大変である」（17.0％）、「人間関係がうまくいかない」（16.4％）と続く。「1ヶ月の給料や工賃などはどのくらいですか」という質問に対し、月収ベースで、「1万円より少ない」（36.8％）がもっとも多く、以下「1万円より多く5万円より少ない」（25.1％）、「5万円より多く10万円より少ない」（24.0％）という状況であるから、給料が少ないという悩みが生じるのは当然である。就いている仕事の種類については、「障害のある方が通う施設でものをつくったり作業をしたりしている」（50.9％）がもっとも多く、以下「毎日会社などで

働いている」(22.8％)、「パート、アルバイト」(19.9％)となっている。福祉的事業所に就労し、非常に少ない工賃を受け取っているが、決してその低い工賃に満足しているわけでないことが、この調査項目から窺える。

「仕事を続ける、または仕事をもらうためには何が必要ですか。」という問いに対しては、「自分で生活していくために必要な給料や工賃がもらえること」(38.0％)がもっとも多く、以下「自分の障害にあった仕事や、自分に向いている仕事であること」(34.5％)、「仕事をする場所で自分の障害のことを分かってもらえること」(21.6％)、「仕事をしていくためのいろいろな練習」(15.2％)、「体調に合わせて働く日や働く時間を変えられること」(14.0％)、「ジョブコーチなどによるお手伝い」(10.5％)と続く。「仕事を続ける、または仕事をもらうためには何が必要ですか。」という設問はやや分かりにくいが、離職せずに仕事を続けていくためにはどのような条件が必要かという意味であろう。

「あなたが今後、国や仙台市などにしてもらいたいことは何ですか」に対しては、「障害があっても働ける場を増やす」が45.1％でトップになっている。これらの質問への回答をみると、知的障害者は自分に合った（向いている）仕事であれば、仕事をしたいという意欲をもっていることが窺える。また、生活原資としての給与の保障および障害への理解を求めていることも読み取れる。

次に奈良県（2009）の報告書を見てみよう。「今の生活状況が不満」と回答した知的障害者508名のうち、その理由として「経済的に生活が苦しい」51.2％、「障害のことも含め、自分のことがまわりに理解されていない」41.1％、「人との交流が少ない」36.6％、「自分のやりたいこと（仕事、学習、活動など）がうまくいかない」26.0％、「人間関係で困っていることがある」22.6％（複数回答）と続く。

これらの調査から、知的障害者は収入の低さに不安を持っていることが分かる。また、障害があっても働くことができる職場であれば、就労に意欲があることが窺える。

2－2 障害年金

　障害者は労働収入のほか、障害年金など福祉的な収入を得ているケースがある。障害年金受給の有無は個人的な事項であるとし、企業としては賃金設定において前提にしないことを障害者雇用マニュアル（日本経団連障害者雇用相談室2004：49、99）では推奨しているが、実際の障害者の生活という側面からみれば、年金受給者である場合は、給与プラス年金が生活原資となっている。ただし、障害者の全員が障害年金を受給しているわけではなく、受給資格に相当していると判断された場合に限られる。

　本項では、賃金という観点からは外れるが、知的障害者の生活原資の一部と考えられる障害年金について、現状を確認する。障害年金には障害基礎年金と障害厚生年金がある。知的障害者が受給する可能性の高い年金は、無拠出年金が設定されている障害基礎年金であり、その額（年額）は、以下の通りである。

　　平成26年4月分からの年金額（定額）　　966,000円（1級）
　　　　　　　　　　　　　　　　　　　　　772,800円（2級）

　受給要件の詳細については、脚注にまとめた[58]。知的障害者の場合、その障害の発生は多くの場合幼少期である。年金加入以前に障害が発生している場合は、「20歳前障害による障害基礎年金」という無拠出年金の対象となり、20歳前に初診日があること、障害認定日に障害等級表にあてはまる障害の状態にあることの2点が要件となる。要件を満たし、受給者として認定されれば、基本的に20歳から支給がスタートする。ただし、無拠出年金の場合は、収入制限が課せられており、一定の収入を上回ると年金は減額または停止される。しかし、その目途となる金額は、所得（収入ではない）にして年額400万円および500万円程度であり、比較的上位に設定されている。

「平成17年度知的障害児（者）基礎調査結果の概要」（厚生労働省2007）によれば、知的障害者の手当・年金の受給割合は69.4％である。20歳以上に支給される障害基礎年金に絞ってみると、89.7％が受給しており、比較的高率である。また、手当・年金不受給（受給していない）の理由は50.3％が、障害が軽いためとなっている。次いで「制度を知らない」が15.4％であり、さらなる広報が必要であることが窺える。

知的障害者が障害年金を申請する際、受給資格の有無、何級であるかの判定は、多角的な見地からの検討となっており、療育手帳等の度数にのみによっているわけではない。知的障害児の保護者の悩みとして、この判定がどのように出るのかという不安、あるいは認定結果への困惑等が挙げられる。2011年の改正後は、認定基準の表現がかなり具体的になった。

ただし、知的障害があっても不受給の状態にある人々も存在していることは、理解する必要がある。

3　最低賃金減額の許可申請

2-1において、企業においては最低賃金の遵守が義務付けられているとしたが、その例外として最低賃金の減額の特例許可制度が設けられていることに触れておきたい。2008年7月、最低賃金の適用除外特例が廃止され、最低賃金の減額特例が新設された。最低賃金法第7条（最低賃金の減額の特例）を根拠とする特例である。

厚生労働省「精神・身体障害による最低賃金の減額特例制度について」によれば[59]

「精神又は身体の障害により著しく労働能力が低い方などについては、一般労働者に適用される最低賃金をそのまま適用することとす

ると、かえって雇用の機会が失われるおそれがある。このため、本制度は、最低賃金法第7条に基づき、都道府県労働局長の許可により、労働能力その他の事情を考慮して定める率（減額率）を最低賃金額に乗じて得た額を減額の上、最低賃金法を適用する制度」

ということであり、その対象者は以下の通りである。

減額の特例許可の対象となる労働者（減額対象労働者）の範囲は以下のとおり（最低賃金法第7条）。
① 精神又は身体の障害により著しく労働能力の低い者
② 試の使用期間中の者
③ 基礎的な技能および知識を習得させるための職業訓練を受ける者
④ 軽易な業務に従事する者
⑤ 断続的労働に従事する者

さらに、「許可基準」として

減額特例許可制度を斉一的に運用するため、許可基準を定めており、精神又は身体の障害により著しく労働能力が低い方については、
① 精神又は身体の障害がある労働者であっても、その障害が当該労働者に従事させようとする業務の遂行に直接支障を与えることが明白である場合のほかは許可しないこと
② 当該業務の遂行に直接支障を与える障害がある場合にも、その支障の程度が著しい場合のみ許可すること。この場合、支障の程度が著しいとは、当該労働者の労働能率の程度が当該労働者と同一又は類似の業務に従事する労働者であって、減額しようとする

最低賃金額と同程度以上の額の賃金が支払われているもののうち、最低位の能力を有するものの労働能率の程度にも達しないものであること

という内容となっている。

「算定方法」も厳格に規定されており、以下の通りである。

　最低賃金法施行規則第5条で、減額対象労働者の減額率の上限を算出した後、個々の減額対象労働者の①職務の内容、②職務の成果、③労働能力、④経験等を勘案して定めることとされている。
　精神又は身体の障害により著しく労働能力が低い方の減額率については、使用者からの申請に基づき、労働基準監督署の労働基準監督官が事業場に赴き、①減額対象労働者と比較対象労働者の労働能率の把握[※1]を行い、減額率の上限を算出の上[※2]、②減額対象労働者の職務内容、職務の成果、労働能力、経験などを把握し、これらを総合的に勘案して定めることとしている

※1　従事する作業の実績により数量的に把握することとしている。
※2　精神又は身体の障害により著しく労働能力が低い方の減額率の上限については、同条で、『減額対象労働者と同一又は類似の業務に従事する労働者であって、減額しようとする最低賃金額と同程度以上の額の賃金が支払われているもののうち、最低位の能力を有するもの（比較対象労働者）の労働能率の程度に対する減額対象労働者の労働能率の程度に応じた率を100分の100から控除して得た率』とされている。

　上記のように、減額特例が許可されるまでには相当に複雑な手順が必要であり、安易な申請は憚られるという風土が醸成されている。それで

は、実際の申請件数と許可件数をみてみよう。
　内閣府HPによる平成23年における減額特例の申請件数・許可件数は、以下の数値となっている[60]。

	申請件数	許可件数
精神又は身体の障害により著しく労働能力の低い者	3,915	3,793
試の使用期間中の者	0	0
基礎的な技能および知識を習得させるための職業訓練を受ける者	8	8
軽易な業務に従事する者	12	10
断続的労働に従事する者	3,738	3,671

　「精神又は身体の障害により著しく労働能力の低い者」の申請件数に対する許可割合は、約96.9％であることから、申請すると判断した案件に関しては非常に高い率で許可されていることが分かる。
　しかし、障害者を高い比率で雇用している特例子会社において、ほとんど減額申請が出されていない。独立行政法人高齢・障害者・求職者雇用支援機構（2011：25）[61]によれば、最低賃金の減額特例に関し現状を問う質問に対し、「受けていない」95.9％、「現在は受けていないが、今後、申請を行う可能性がある」0.5％、「過去には受けていたが、現在は受けていない」1.5％、「社員の一部が受けている」1.5％となっており、調査時点で約98％が最低賃金を確保している。約2％の例外は存在するものの、特例子会社においてはほぼ最低賃金が遵守されている。
　その理由として考えられることは、

1）　減額申請に該当するほど労働能力が低い人を採用していない
2）　仮に採用時に労働能力が低いとしても、社内研修を通じて能力アップが可能であると判断した
3）　労働法規遵守の姿勢から減額申請は合法ではあるが、できれば

最低賃金を護りたい　等が考えられる。

　特例子会社及び特別支援学校等の担当者のヒアリングから、上記3点がもっとも合理的な理由と思われる。
　最低賃金の確保は、一般雇用のいわば生命線とも言えるものであるだけに、合法的措置であるとはいえ、減額申請には企業側も慎重になるのは当然である。平成26年度地域別最低賃金改定状況（2014年10月発効）による各地の最低賃金を確認すると、もっとも高額なのは東京都の888円、次いで神奈川県の887円となっている。一方、もっとも低い額は677円で、鳥取県・高知県・長崎県・熊本県・大分県・宮崎県・沖縄県がその対象地域となっている。全国加重平均額は780円である。最高額と最低額との差は時給にして211円、最低額は最高額の76.2％程度と、その金額の違いはかなり大きいものとなっている。本来の減額特例の存在意義である、「事情によって労働能力が限定的である人々」に対し、最低賃金を減額することにより創出されるであろう雇用が存在するとすれば、一概に否定できない要素が残るのも事実である。
　労働法規（最低賃金法）適用外の福祉的事業所等が非常に低い工賃を支払っている状況とは大きく異なり、あくまで労働法規に則った減額であることにも留意しなくてはならない。しかし、その場合も、減額の割合と対象者の労働生産性を熟慮し、最低賃金に見合うだけの能力を開発する支援や配慮、たとえば担当する業務内容の点検、補助具の改良などがなされることが重要であり、減額の多くは短期的・応急的な処置であると考えられる。

第Ⅲ章
特例子会社の現状分析

1 郵送による質問紙調査へのレスポンス ……… 78
2 質問紙調査によって把握された特例子会社の現状　94
3 特例子会社における知的障害者の重点的雇用実績　97
4 知的障害者雇用に成功している特例子会社 …… 101

第Ⅱ章2－1－1－aにおいて、特例子会社が知的障害者に支払っている平均的な賃金について、先行調査の結果を分析した。知的障害者の割合が50％を超える特例子会社の場合は、50％未満の特例子会社よりも、平均年収が低くなる傾向があることが示されたが、知的障害者が得ている労働収入の比較としては、他の事業体よりも特例子会社が優っていることが判明した。また、3節において、特例子会社は最低賃金減額の許可申請をほとんど出しておらず、最低賃金を遵守していることが分かった。
　先行調査、公的データを分析することにより、特例子会社の特徴が顕在化した。加えて、より直近の状態を把握し、特例子会社から直接得られる情報をもとに現状の課題を探求するため、筆者は特例子会社を実地に取材・見学するとともに、質問紙を郵送する方法を採った。これにより、さらに多くの特例子会社からレスポンスを得ることが可能となった。その結果を以下に示す。

1　郵送による質問紙調査へのレスポンス

1－1　質問紙に協力いただいた特例子会社について

　実際に筆者が訪問し、取材する方法は実施件数が時間的物理的に限定されるため、郵送により質問紙を特例子会社に送付し、そのレスポンスを分析するという方法を並行して採った。全国計120の特例子会社に質問紙を送付し、2014年12月末現在において60社から回答を得た[62]。今回の質問紙調査は、特例子会社から発せられる直接情報を入手し、そこから現状の問題点や新たな可能性を見出すことに重きをおいている。そのため自由記入欄を質問項目ごとに設け、多様な状況を把握するよう心掛けた。
　また、今回のレスポンスを分析することで明らかになった課題に関する質問を付加して、今後も質問紙調査を継続する予定である。

１－２　回答企業の障害種別雇用状況

　雇用している障害者のうち知的障害者がもっとも多いという特例子会社は、この設問の有効回答数57のうち、37社であった。身体障害者の割合がもっとも多い特例子会社は17社、精神障害者の割合がもっとも多い特例子会社は１社、知的障害者と身体障害者が同数在籍している特例子会社は２社となっている。

　また、重度知的障害者を１人以上雇用している特例子会社は、有効回答56（重度・非重度の設問に回答があった社数）のうち39社で、過半数を占めている。

　さらに上記57社の障害種別ごとの雇用数の合計は、知的障害者854人、身体障害者603人、精神障害者178人、発達障害者25人の計1,660人であり、割合で示すと、知的障害者51.4％、身体障害者36.3％、他12.2％に相当する。

　一方、「障害者雇用促進法」43条７項により民間企業に毎年提出が義務付けられている障害者雇用状況報告を厚生労働省（2014a）が集計した結果に基づき、本研究が図15に示した「特例子会社における障害種別割合の推移」の2014年の割合は、知的障害者51.9％（29.2+22.7）、身体障害者37.5％（12.0+25.5）である。本質問紙調査の57社の障害種別割合は、知的障害者51.4％および身体障害者36.3％であるため、全特例子会社391社の数値と、近い値となっている。

１－２－１　知的障害者未雇用の５社

　知的障害者を現在、１人も雇用していない特例子会社は、有効回答57のうち５社であった。

　知的障害者を雇用していない上記５社に対するさらなる質問として、知的障害者雇用を検討するにあたって、もっとも留意していることは何かを問うたところ、「知的障害者が担当する業務を切り出せるか」を５社とも挙げている。次いで「社内の雰囲気に溶け込めるか、他の社員とう

まくやっていけるだろうか」を挙げているのが4社、「社内に専門知識をもつスタッフがいないので、適切な配慮ができるか」を2社が挙げている（複数回答可）。この結果を表にまとめたものが、図10である。

図10　知的障害者未雇用5社における知的障害者雇用を検討する際の留意点

（複数回答可）

知的障害者が担当する業務を切り出せるか	5社／5社中
社内の雰囲気に溶け込めるか	4社／5社中
社内に専門知識をもつスタッフがいないので、適切な配慮ができるか	2社／5社中

1-2-2　知的障害のある社員が担当している業務

知的障害のある社員が担当している業務についてという問いに対して有効回答を寄せたのは50社で、複数回答可とした結果、以下の数字となった。

清掃業務26、工場の作業またはその補助作業19、梱包・発送作業13、野菜作り等農業・園芸8、ダイレクトメール等封入作業8、社内メール便仕分け・配達7、コピー・印刷・製本6、シュレッダー5、パソコンデータ入力5、書類の電子化4、ファイリング4、物流拠点等での仕分け作業3、名刺製作3、検品3、作業着等のクリーニング3、シール貼り2、部品の洗浄2、パソコン等の解体1、計量・袋詰め1、介護補助1、芸術・工芸品制作1、販売接客1、撮影・画像処理1等が挙げられた（数字は挙げられた回数）。

自由記入型の設問であったため、各項目の包括する内容の大小にややばらつきがあるが、現在、知的障害者社員が担当している仕事の内容が、かなり具体的に把握できた。

図11 知的障害者社員の担当業務

（有効回答数　50社。複数回答可）

知的障害者社員の担当業務	数字は担当業務として挙げられた回数
清掃業務	26
工場作業・補助作業	19
梱包・発送	13
農業・園芸	8
DM等封入	8
社内便仕分け・配達	7
コピー・印刷・製本	6
シュレッダー	5
パソコンデータ入力	5
書類の電子化	4
ファイリング	4
商品等仕分け	3
名刺製作	3
検品	3
クリーニング	3
シール貼り	2
部品洗浄	2

　さらに、上記業務のなかで、重度知的障害者が担当している業務について質問したところ、非重度知的障害者と同じであるという答えが複数存在した。

a）　重度だから能力が低いということはなく、同じ作業を担当している
b）　先に回答したすべての業務に就いている
c）　重度非重度ではなく、それぞれの個性に合わせて仕事を調整している

といったコメント（筆者要約）が主流で、重度知的障害者向けに別枠で仕事を用意しているといった傾向は見受けられなかったが、各人の能力にマッチした仕事を割り振るという観点から、清掃業務に就いている、あるいは補助的な作業を担当しているという傾向はややみられた。

今回の担当業務に関する回答は、筆者のこれまでの特例子会社見学における印象や「障害者雇用管理マニュアル」（障害者雇用システム研究会1997）に記された内容に比べて、農業分野およびIT関連（データ入力・書類の電子化）への進出が注目されるという結果になった。農業は労働集約的であり、比較的反復業務の多い分野であるため、障害者とりわけ知的障害者・精神障害者の担当する新しい分野として、有望と考えられる。清掃業務が多いという点に関しては、予想していた通りであるが、ここで留意しなくてはならないのは、いわゆる社内清掃に始まり、最新機器を使用したビルメンテナンスという大掛かりな分野に至るまで、清掃業務の内容は多様であることである。

本章4-3　障害者の戦力化と特別支援学校の職業プログラムにおいて詳細に触れるが、今後は、こうした特別支援学校のプログラム等を通して、ビルメンテナンスのプロフェッショナルが育成されるものと思われる。

1-3　知的障害者への最低賃金の支払い状況および昇給制度・賞与について

知的障害者社員に関する給与の支払い状況については、次のような結果となっている。最低賃金以上を全員に支払っている特例子会社は、有効回答数52のうち、50社である。一方、現在、減額申請を一部実施している企業は2社で3.8％に相当する。52社中50社が、社員全員に最低賃金以上を支払っているという状況から、特例子会社においてはおおむね最低賃金は維持されていると考えられる。

知的障害者への給与の支払い方法としては、有効回答数52のうち、時

給制が20社、日給制3社、月給制33社（複数回答可）で、月給制が過半数となっている。昇給制度が存在しているのは、28社である。また、賞与に関しては、賞与年2回ありが29社、賞与年3回が1社、賞与あり（回数不明）が3社となっている。

　知的障害者の待遇に関する具体的なコメントとしては、

a）　当社の障害のない社員と同等
b）　最低賃金をクリアする額
c）　最低賃金をベースに給与を設定している
d）　減額申請をするつもりはないが、毎年最低賃金が上昇するため企業にとっては厳しいと感じる面もある
e）　現在のところ業績が赤字であるが、今後黒字化に成功すれば賞与支給を検討したい

といった内容が挙げられた。
　最低賃金遵守をベースに、企業の業績の影響をある程度受けながら、賃金水準が決定されている様子がみてとれる。

図12　知的障害者への最低賃金支払い状況

（有効回答数　52社）

知的障害者への最低賃金支払い状況	社数
全員に最低賃金以上を支払っている	50社
一部減額申請	2社

1－4　知的障害者の昇進昇格の状況

　知的障害のある社員の昇進昇格実績についての質問は、回答を自由記入タイプにし、また実績がない場合はその理由と今後の見通しについて質問した。この設問に対しては、有効回答数46であるが、それぞれ非常に丁寧で積極的な回答を寄せていただき、知的障害者を雇用している特例子会社にとって、昇進昇格は重要なテーマであることが分かった。

図13　知的障害者の昇進昇格の状況

（有効回答数46社）

知的障害者の昇進昇格の状況	社数
昇進実績がある	6社
待遇面での差別化／スキル評価	10社
昇進可能だが該当者がいない	2社
実績はないが検討課題	4社
実績なし	24社

　知的障害者社員の昇進実績をもつ特例子会社は、6社であった。インフォーマルな先輩的位置付け、待遇面での差別化（昇給・割増賞与・スキル認定）を実施していると回答した特例子会社は、10社である。昇進昇格実績あるいは待遇面での優遇等があるという回答に付随したコメントを以下要約する。

　ここにおいては、「昇進」を肩書きの上昇とし、「昇格」を職級・スキル認定等の上昇とする。

a）　班長・チームリーダー・リーダー・サブリーダー等（各社名称は様々である）、リーダーとしての位置づけで、業務に取り組んでもらっている

b）　リーダーという明確な位置づけはしていないが、リーダー的な立場を認めて仕事を配分している

c) スキル認定・資格認定制度を設置して、そのガイドラインに沿って昇格するシステムを実施している
d) ポジションとは言えないが、評価により、任せる業務を拡大する、勤務時間を増やす、給料・賞与を上げる等、待遇に変化をつけている

　一方、実績がないという回答を寄せた特例子会社は、基本的に組織をフラットに構成しているケースが多い。昇進昇格実績なしと答えたのは30社で、うち2社が昇進昇格は可能だが該当者がいないと回答している。さらに30社中4社は、今後検討したいあるいは今後昇進昇格者は出るだろうと回答している。付随して寄せられた、昇進昇格が難しい理由および今後の見通しの要約は以下のとおりである。

e) リーダーとして負荷をかけることの是非を判断して今後につなげたい
f) 上下関係ができると、チームの人間関係がうまくいかなくなる傾向がみられる
g) 差をつけずフラットな組織である
h) 指示された事はできるが、段取りが不得手なケースが多い
i) マネージメント能力という点で現段階では難しい
j) コミュニケーション能力という点で現段階では難しい
k) 今後リーダーを育成していきたい
l) 昇進昇格の可能性はあるが、現在該当する社員がいない

　昇進昇格が難しい理由として挙げられた、上下関係ができると、チームの人間関係がうまくいかなくなる傾向がみられる　に関しては、複数の特例子会社が指摘しているポイントである。フラットな組織である方がチームワークの点でスムーズに進むのか、あるいは昇進昇格人事を行

うことで意欲が湧くのかは、個々の企業風土や規模、業務内容、構成人員の個性によっても異なる点で、この部分については、今後さらに研究調査していく必要がある。まだ、実施件数の少ないテーマであるが、ケーススタディという形で個々の企業のケースを積み上げることで、何らかの方向性が見えてくる可能性がある。

　昇進に関しては、知的障害者の場合、マネージメント業務が各自の適性にマッチしているのかという検討も必要である。一方、昇格に関しては、その職能やスキルの上昇を評価すること自体は、チーム内の上下関係やマネージメントとは直接関係がなく、昇進人事に比べ、取り入れやすいシステムと言えるだろう。

1－5　障害者社員（全障害種別）の雇用形態

　障害種別にかかわらず障害者全体に渡って、その雇用形態はどのような状態であろうか。この質問に関する有効回答数は54で、障害者社員を全員正規雇用している特例子会社は17社。障害者社員全員を正規雇用以外の形態（非正規雇用・パートタイム・契約社員・アルバイトを含む）で雇用している特例子会社は13社となっている。残りは、正規雇用と正規雇用以外が混ざっているケースで、24社であった。雇用形態が混在している24社のうち、障害者社員の過半数以上を正規雇用している企業は、12社となっており、ちょうど半分に相当する。

　一般に、労働者側から雇用形態をみた場合、身分の安定性（急な雇い止め等が発生しない保障）、待遇面の充実、研修等バックアップ体制の充実等が重要なポイントとなる。これまでの日本企業において、これらの条件を満たす雇用は、正規雇用であることがほとんどであった。それに対し、パートタイムの正規雇用、継続性を保障した契約社員といった新しい雇用形態も出現しており、今後は多様な働き方において、上記3条件をどのように満たしていくかを検討する必要がある。

　具体的なコメントとしては、

a) 契約上は有期契約であるが、就労可能な限り雇用継続の所存。将来的には無期雇用に転換を進める予定である
b) 期限を設けない契約社員という形態を採っている
c) 個々の事情に配慮して出勤時刻、勤務時間等を柔軟に設定している
d) 単純に正規か非正規かで考えるのではなく、雇用の継続性、年収ベースでの処遇水準、研修、キャリアアップの機会の有無等、総合的視点が重要である

といった内容が挙げられ、正規雇用やフルタイムではないが、雇用の安定性と質に十分配慮した新しい形態を採用しているとするケースがみられた。こうした試みはより多くの雇用創出の可能性という観点から重要であると同時に、その内容が雇用される側にとってどのように評価されるかという点に十分留意する必要がある。

もし、双方にとって納得できる形態であれば、障害者雇用の促進に寄与し得る方策として今後進展する可能性も考えられる。

1-6　特別支援学校等からのインターンシップ生受け入れ状況

　特例子会社は特別支援学校等からのインターンシップ生を非常に積極的に受け入れている。今回の質問紙調査においても、活発な受け入れ状況が窺えた。インターンシップ生を受け入れた経験がある特例子会社は、有効回答数54のうち42社で、さらにそのインターンシップの後、その生徒を雇用した経験がある特例子会社は21社と、受け入れ経験のある特例子会社の50％がさらにその後雇用に結びつけている。また、これまでにインターンシップ生受け入れた実績はないとしている特例子会社は12社あり、そのうち3社が今後前向きに検討したいとしている。

図14 特別支援学校等からのインターンシップ生受け入れ状況

(有効回答数 54社)

インターンシップ生受け入れ状況	社数
インターンシップ生受け入れ経験あり　（雇用には結びつかず）	21社
インターンシップ生を受け入れ、その後雇用した	21社
まだ受け入れたことはない	9社
まだ受け入れたことはないが、検討したい	3社

　この質問項目へは非常に積極的な書き込みが見られ、インターンシップ制度への関心の高さが窺えた。以下は、寄せられたコメントを筆者が要約したものである。

a）　年間で約50名の体験実習を受け入れている
b）　隔週で一人一週間の受け入れを実施しているが、企業として負荷がかかることも事実。無理のないペースを心掛けている
c）　県内のほぼすべての支援学校と連携し、毎年多数の実習生を受け入れている。体験だけで終わるケースもあるし、採用への結びつくケースもある
d）　今までは１回につき１人の受け入れとしていたが、今年は複数の受け入れを実施し、１人につき２週間、１週間ずつ次の生徒と重なるようなプログラムとした
e）　体験実習という形での受け入れが多くある
f）　特別支援学校生実習という形で、２週間程度の技能実習を多数回実施している
g）　就労移行事業所から受け入れたことがある
h）　企業現場実習として１名１週間単位で、年間20名程度受け入れている。
i）　工場内で事前に技能実習を行い、適性を判断する

j）　1年生から連続して実習することが、有効である。本人だけでなく、家族への説明・理解も大切にしている
k）　先生のセッティング、フォローアップの正確さに負うところも大きい

インターンシップを経て正式な採用に至るというプロセスをとることで、雇用側・求職者側双方のミスマッチが減少し、短期間での退職等の消耗的な事態を回避できる可能性が高く、今後さらに発展する可能性をもった方策といえる。

1－7　障害者（全障害種別）を採用する際に重視するポイント

　障害種別によらず、特例子会社が障害者を雇用する際、重要視している点は何であろうか。1仕事遂行能力　2コミュニケーション能力　3通勤・身のまわりの用に関する能力　4協調性　5体調・メンタル面でのコンディション　6家族等の協力体制　7その他　自由記入の7項目を複数回答可で提示した。有効回答数は58であった。以下の数字は、58社中、その項目に〇をつけた社数を示している

1　仕事遂行能力　47
2　コミュニケーション能力　29
3　通勤・身のまわりの用に関する能力　47
4　協調性　31
5　体調・メンタル面でのコンディション　43
6　家族等の協力体制　32

7番の自由記入部分には以下の記入があった（筆者要約）

a）　働きたいという意欲がある　7

b） 障害者支援センター等のアドバイスやフォローなど外部支援体制がある　3
　c） 指導を素直に聞き入れられる　3
　d） 人に迷惑をかけない
　e） 自分で意思表示ができる
　f） 現在の社員との特性のバランス

　全体を通してみると、「仕事の遂行能力」と「通勤・身のまわりの用に関する能力」「体調・メンタル面でのコンディション」が大切であるとする傾向が強い。障害種別を念頭に入れて同じ質問をした場合、また異なる結果になる可能性が高く、質問を細分化する必要があった。
　一方、自由記入欄において、仕事をしたいという気持ちがある、働きたいという意欲があるといった、就労への意欲を重要視する記入が7件あった。もし、「就労への意欲」という項目を設けていたなら、多くの特例子会社が○をつけていたと推測され、「就労への意欲」は非常に重視されていると考えられる。

1－8　知的障害者社員と顧客・取引先との接触

　第三次産業を親会社にもつ特例子会社においては、日常の業務のなかで、顧客や取引先の人々など、第三者と接触する機会も存在する。知的障害者社員は、不特定多数の未知の他者と、臨機応変に対応することが比較的不得手である場合が多いと考えられる。しかし、知的障害者社員が適切に接客するためのノウハウを開発し、成功している企業が存在している。本問では、知的障害者社員が、顧客・取引先等社外の人々と接する機会が多い業務に就いている場合の工夫等について、質問した。
　有効回答数は26と、本質問紙の各設問に対する回答数のなかでもっとも少ない。空欄が多かった理由としては、知的障害者が第三者と接するタイプの仕事を担当している割合が、まだ低いからだと推測される。

知的障害者社員は第三者と接する機会の多い業務には今現在従事していないといった主旨の回答が11社。現在は第三者と接する機会の少ない業務に就いているが、今後はロールプレイング等のトレーニングの実施を予定しているとする企業が1社あった。残り14社は、知的障害のある社員が第三者と関わる業務を適切に遂行するために実施している工夫等を、自由回答形式で記載していただいた。以下は、筆者が内容を要約したものである。数字は件数を示している。

　　a）接遇に必要な行動をマニュアル化する　4
　　b）ロールプレイング・シミュレーショントレーニングを実施　4
　　c）自分で判断できない場合はすぐに上司等に連絡する　4
　　d）あいさつを徹底する　3
　　e）仕事先の担当者に障害をオープンにし、何か不都合があった場合、責任者に連絡してもらえるよう体制を整える　2
　　f）チームで活動する　2
　　g）マナー研修の実施　2
　　h）作業終了後に毎日振り返りの発表をし合う　1
　　i）一定の人数毎に相談員を配置する　1

　上記の記述から、業務に必要な行動を前もってマニュアル化し、それをロールプレイングすることで、実際の現場で慌てず対応できるよう、日々経験を積み重ねている様子がみてとれる。また、一日の業務を振り返り、イレギュラーな出来事があれば、その内容を上司やチーム全体で確認して、今後に役立てる方法も採られている。毎日の失敗も含めたケーススタディを積みかさねて、具体的にその場面での対応を練習し、体得する。一定の時間はかかるが、確実に各人の地力が養われる方法である。
　このようなプロセスを経て特例子会社内に蓄積されたノウハウは、社

会全体にとっても有用であり、一部の特例子会社ではコンサルティング業務を実施するケースも出てきた。このケースについては、第Ⅴ章第1節において詳述する。

1-9 特例子会社就労後、スキルアップした障害者の異動

特例子会社に就労することでスキルアップし、働くことに自信をつけた知的障害者社員の中は、親会社やグループ会社に転籍し、そこで新たな能力の発揮することを望む可能性もある。このような希望が出た場合、どのように対応しているかを質問した。

有効回答56のうち、（異動の）希望者がいない、まだ異動システムは整っていない等、実施経験がないという回答が、45社となっている。そのうち、今後も予定なし、障害者雇用は特例子会社でと考えている等、当面、異動システムの導入余地がないと考えられる回答が4社。「今後検討したい」が1社であった。

親会社・グループ会社に異動する制度があり異動の実績がある、と回答した特例子会社は、6社。また、現在までに希望者はいないが、能力的に可能であり、本人が希望すれば対応する、異動することは可能でチャレンジしたケースもあるが、実績には至らなかった、異動を勧めたが、今がいいということであった、スキルアップではないが、異動はあった等の例が、異動システムに肯定的な例として挙げられる。

まだ少数であるが、異動システムが稼働している特例子会社が6社存在し、その他、本人の希望と噛み合わなかったが、異動は可能であるとしている特例子会社も加えれば、10社前後が現在、異動について前向きである。特に注目されるのは、企業側が本人のスキルアップを認めて、親会社への異動を推奨したが、本人（保護者を含む）が特例子会社に残ることを希望したという例と、本人の希望で異動にチャレンジしたがうまくいかなかったという例である。

このようなミスマッチの例は、いったん異動を決定したならば、もう

戻れないという緊張感が背後にあると推察される。特例子会社と親会社（グループ会社）との間の異動がより柔軟になれば、たとえば加齢によって能力的に困難が発生した場合も、特例子会社に再度戻るという選択肢をとることができる。特例子会社と親会社とのコミュニケーションを緊密にすることで、各人の希望と能力に合った職場の選択が可能になり、また受け入れる側の親会社（グループ会社）の不安要素を減少させることもできよう。

1－10　労働市場における他の弱者との協働

　特例子会社の第一義的目的は、積極的に障害者雇用をすることにより、親会社・グループ会社の法定雇用率遵守に寄与することであり、また障害者に対し、働きやすい労働環境を創出することである。しかし、多様化された市場ニーズに応え、生産性の高い労働環境を実現するためには、就労者が多様であるということも必要性のひとつとして注目されるようになってきた。

　"World Report on Disability"（WHO　2011：243）は、「近年、ヨーロッパにおいては、保護雇用の作業所をソーシャルファームに移行する傾向がみられる」と指摘している。ここでいう保護雇用の作業所とは、日本の福祉的作業所に近いものと思われる。ソーシャルファームについては、第Ⅴ章において詳述するが、その構成人員の30％以上を障害者および労働市場において弱い立場に立つ人々に限定した、きわめて特例子会社に近い組成の組織である。ソーシャルファームにおいては、障害者だけでなく、他の弱者（就職において不利な立場に立つ人々）も対象としている点が、特例子会社とは異なる特徴である。労働市場における弱者とひとくちにいってもその属性は様々で、たとえば、高齢者、長期失業者、薬物中毒者、ホームレス等、多様な人々が含まれる。こうした人々が協働することで、そのファームの売り上げの50％を超える部分を、一般商取引で得ていこうというのが、ソーシャルファームの基本的な考え方である。

日本の特例子会社とヨーロッパのソーシャルファームは近似した組織であるが、異なる点のひとつとして、前述のとおり、障害者以外の弱者も対象としているか否かがある。
　本質問紙において、障害者以外の労働市場における弱者雇用について、特例子会社はどのように考えているかを質問した。
　質問は「特例子会社内に障害者以外の就労困難者（長期失業者、高齢者等）を雇用する可能性はありますか」である。有効回答数56のうち、各項目に〇をつけた社数を以下示す。

1　特に計画はない　32
2　今後の可能性のひとつである　10
3　既に雇用している、または雇用経験がある　14
4　その他（自由記入）

　自由記入欄においては、障害者と高齢者との協働は相性がよく、また高齢者雇用が必要になってきている今日、推進していくべきテーマであるといった主旨の記入が5件あった。親会社・グループ会社の定年後再雇用先のひとつとして、特例子会社における障害者との協働・アドバイザー役が考えられている。また、実際に定年後の高齢者を、技術指導役として雇用し、成功している特例子会社も存在することが分かった。

2　質問紙調査によって把握された特例子会社の現状

　以上、特例子会社への質問紙調査を通して、特例子会社の現状の一端を把握することができた。
　特例子会社は、従来福祉的雇用に従事することが多かった重度を含む知的障害者を積極的に雇用し、最低賃金以上を支払っている。また、雇

用した知的障害者社員を戦力化し、各人の能力を開発するために、職域の多様化を図っている等の現状が浮かび上がってきた。

知的障害者が担当する業務としては、今後注目の分野として、IT関連、特に書類の電子化やデータ入力、および農業分野への進出が期待される。かねてより、知的障害者社員の担当業務として、清掃がよく挙げられるが、現在では単に自社の清掃をするだけでなく、ビルクリーニングのプロフェッショナルとして、高度の技術を商品化した例がみられる。清掃業務は、需要の安定した業務であり、特別支援学校においても、ビルメンテナンスコース等の科目名で、重点がおかれている。

以上のように新しい職域が積極的に開発される一方、接客機会の多いサービス業分野への進出は、議論のあるところである。知的障害のある社員の個性を伸ばすためには、接客以外の分野の方が適しているのではないかという考え方がベースに存在し、現場においても現実感覚としてその方向性にあると言えよう。しかし、我が国の産業構造は製造業からサービス業に向かっており、雇用の創出においても同様の傾向にある。接客あるいは接客的な場面を含む仕事を業務から外すことによって、雇用機会が大幅に減少するのではないかという危惧もある。実際、数々の工夫を凝らすことで、接客に近い職場において安定的に勤務している知的障害のある社員もおり、その例については本章4節において筆者のヒアリング内容をまとめた。この点は、今後もさらに研究を深めるべき重要なポイントと考えられる。

また、今回の調査で、重度知的障害者は、仕事遂行の点で非重度知的障害者に比べて大きく困難が伴うという現実は少なく、サポートが適切であれば、非重度の人々と同じ業務を担当することができると評価する特例子会社が複数存在することも分かった。知的障害者側の心理として、非重度に比べ、重度の人々は、民間企業で働くことに消極的であることが、第Ⅱ章の1において検証されているが、それは企業側の認識とは異なることになる。特例子会社においては、重度・非重度という区別

なく、それぞれの得意分野を伸ばすことに専心できる環境が存在している可能性が高い。今後さらにこの点を調査することで、重度知的障害者のうち民間企業で働くことを躊躇っている人々に、特例子会社という選択肢を広報することができれば、大きな成果と言える。

また、知的障害者が働く環境として、上下の差のないフラットな環境が適しているのか、あるいは、昇進昇格システムを導入することでモティベーションのアップに繋がるのかに関しては、両論のあることが分かった。組織のタイプや仕事内容によっても結果は異なってくるであろうが、本来、能力は適正に評価されるべきであるという観点に立てば、何らかの顕彰システムは必要ではないかと思われる。

従来、雇用形態として正規雇用（無期雇用）が尊重されてきたが、今回の調査では、継続性のある非正規雇用等、新しい雇用形態が提示された。これらに対する評価は、契約として雇用の継続性がどのように担保されているのか、新形態による雇用創出拡大の可能性はどの程度であるのかを含め、雇用側および社員側双方の視点からさらに研究される必要がある。

知的障害者の能力開発の一環として、特例子会社は特別支援学校等からのインターンシップ受け入れに熱心なケースが多く、インターンシップが採用に結び付く例もままみられる。一方、特例子会社に就労した後、知的障害者社員のスキルアップがなされ、よりオープンな労働環境で働きたいという希望をもった場合、その移行システムが整っているケースはまだ少なく、この点は今後の課題のひとつである。

以上の洞察から、特例子会社は、重度を含む知的障害者を積極的に雇用し、かつ最低賃金以上をほぼ保障している。また、知的障害者がその得意な分野の能力を生かせるように、インターンシップの受け入れに始まり、担当業務の遂行方法の研究、職域の拡大等、その環境作りに注力していることが分かった。

質問紙調査に記入いただいたコメントは、特例子会社の現状の課題や

将来的可能性に関する指摘が多く含まれ、本節に記述した上記内容に加えて、第Ⅴ章において取り上げる課題へと発展する契機ともなった。ご協力いただいた特例子会社の皆様に心より御礼申し上げる次第である。

3 特例子会社における知的障害者の重点的雇用実績

　前節において、質問紙調査への回答をベースに特例子会社の現状を分析した。本節においては、特例子会社における知的障害者雇用状況の変遷について、2006年から2014年までの厚生労働省によるデータを調査分析する。

　毎年秋に発表される厚生労働省「障害者雇用状況の集計結果」の中の特例子会社に関するデータを、筆者が2006年以降2014年まで9年間まとめたものが、図15[63]である（ダブルカウント[64]は外し、短時間労働者[65]は数値に入れていない）。

図15　特例子会社における障害種別割合の推移（％）

	身体障害者（重度以外）	重度身体障害者	知的障害者（重度以外）	重度知的障害者
2006	18.3	45.1	20.3	15.6
2007	16.8	41.7	22.4	16.8
2008	16.6	38.4	23.7	18.4
2009	15.7	35.8	25.2	19.3
2010	14.8	33.6	26.7	20.3
2011	14.1	30.9	27.5	21.5
2012	13.6	29.0	28.2	22.0
2013	12.4	26.9	28.9	22.5
2014	12.0	25.5	29.2	22.7

出所：各年の厚生労働省「障害者雇用状況の集計結果」に基づき、筆者算出。算出根拠は脚注参照[66]。

図16　特例子会社における重度知的障害者雇用状況の推移（%）

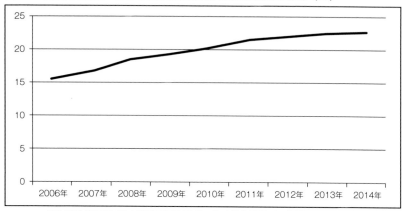

厚生労働省2006-2014「障害者雇用状況の集計結果」「特例子会社の状況」より筆者作成

　図15-16から、この9年間における特例子会社の採用方針の変化がはっきりと読み取れる。まず、重度障害者の雇用という点からみると、「重度身体障害者」の占める割合は、9年間で45.1％から25.5％に下がっている。それに対して、「重度知的障害者」の割合は、15.6％から22.7％に上昇している。さらに、重度以外の知的障害者が20.3％から29.2％に上昇し、重度以外の身体障害者は18.3％から12.0％に低下している。こうした状況から、特例子会社は、知的障害者をより重点的に雇用する方向に推移していると言えよう。

　その理由として、独立行政法人高齢・障害者・求職者雇用支援機構（2008a：13）のアンケート調査結果がひとつの答えを示している。「企業の立場からみた特例子会社の良さ（自由記述）」という問いに対し、2番目に多い回答として「親会社においては採用が困難な障害者についても、採用が可能となり、親会社の雇用率の達成に大きく寄与できる。親会社内の各部署で障害者を雇用するよりは、設備投資が少なくて済む」が挙げられている。なお、もっとも多い回答は、「障害者法定雇用率の達成に貢献し、企業の社会的責任をはたすことにより、企業のイメージアップ

が図られる」というもので、特例子会社のミッションとして、当然の回答である。

本研究第Ⅰ章4-2で述べたように、知的障害者に対して、オフィス内でどのような仕事をアサインしたらよいのか分からないと考えている企業が多く、それが雇用創出を鈍らせる大きな要因となってきた。前述の設問「企業の立場からみた特例子会社の良さ（自由記述）」に対し、「障害者に対する雇用管理のノウハウが蓄積でき、きめ細かな対応が可能になる」という回答が第3位であることからも、特例子会社という障害者雇用に特化した環境で、親会社が雇用を逡巡しがちな知的障害者を積極的に雇用していこうという姿勢が形成されたと考えられる。

特例子会社が知的障害者雇用を重点的に進めている傾向について述べたが、一般民間企業においてはどのような推移を辿っているだろうか。特例子会社と同様の方法で、一般民間企業における障害種別割合の変遷を下記にまとめた。

図17　一般民間企業における障害種別割合の推移（％）

	身体障害者 （重度以外）	重度身体障害者	知的障害者 （重度以外）	重度知的障害者
2006	50.1	32.6	12.4	4.1
2007	49.3	32.2	12.8	4.3
2008	48.3	31.6	13.4	4.4
2009	47.2	31.5	13.9	4.6
2010	46.2	31.1	14.5	4.8
2011	45.0	30.9	14.8	5.0
2012	43.7	30.6	15.3	5.2
2013	42.5	29.8	16.0	5.2
2014	41.4	29.2	16.4	5.4

出所：各年の厚生労働省「障害者雇用状況の集計結果」に基づき、筆者算出。算出根拠は図15に同じ。

図17は、各年の「障害者雇用状況の集計結果」の一般民間企業に関するデータをまとめたものである。図15と比較すると、特例子会社における知的障害者とりわけ重度知的障害者の雇用割合が、一般民間企業と比べて非常に高いことが分かる。2014年を例にとれば、特例子会社における重度知的障害者の割合が22.7%であるのに対し、一般民間企業においては5.4%となっており、特例子会社が4倍以上となっている。非重度の知的障害者においても、特例子会社29.2%、一般民間企業16.4%と、特例子会社が1.8倍近い高い数値を示している。

　逆に身体障害者の雇用比率は一般民間企業の方が高い。非重度の身体障害者に関していえば、特例子会社は12.0%であるのに対し、一般民間企業は41.4%とかなり高い比率になっている。独立行政法人高齢・障害者・求職者雇用支援機構（2011：43）においても、特例子会社の障害種別の推移が図表化され（**図18**）、知的障害者の増加傾向が示されている。

　非重度の身体障害者は一般企業（親会社）で雇用し、知的障害者（重度・非重度）は特例子会社で雇用するといった、一種の分担傾向がみて取れる。重度の身体障害者に関しては、一般企業29.2%、特例子会社25.5%とどちらも比較的近い数値になっており、状況に応じての対応となっていると考えられる。企業によっては、特例子会社は知的障害者だけを採用し、他の障害種別者は親会社が雇用するという分担をホームページ等で開示している場合もある。

　なお、地方公共団体と民間企業とが共同出資して設置した、第3セクター方式による重度障害者雇用を目的とした特例子会社が、全国に約20社存在している。これら第3セクター方式の特例子会社においては、重度身体障害者を重点的に雇用しているケースも多く、知的障害者雇用にシフト傾向の強い通常の特例子会社とは異なる特色を有している。

図18　過去5年間の常用雇用労働者である障害者の数の推移（障害種別）

（N = 194社）

上段：選択数
下段：構成比

	減少している	やや減少している	変らない	やや増加している	増加している	無回答
身体障害者	1 (0.5%)	17 (8.8%)	57 (29.4%)	36 (18.6%)	35 (18.0%)	48 (24.7%)
うち重度	2 (1.0%)	19 (9.8%)	52 (26.8%)	32 (16.5%)	30 (15.5%)	59 (30.4%)
知的障害者	1 (0.5%)	8 (4.1%)	37 (19.1%)	48 (24.7%)	71 (36.6%)	29 (14.9%)
うち重度	1 (0.5%)	8 (4.1%)	49 (25.3%)	35 (18.0%)	50 (25.8%)	51 (26.3%)
精神障害者	0 (0.0%)	5 (2.6%)	32 (16.5%)	35 (18.0%)	44 (22.7%)	78 (40.2%)

※発足5年未満の場合は、発足時から現在までの状況を回答

出所：「多様化する特例子会社の経営・雇用管理の現状及び課題の把握・分析に関する調査」独立行政法人高齢・障害者・求職者雇用支援機構（2011）p43

　以上の検証から、特例子会社は、重度を含む知的障害者の雇用に積極的に取り組み、一般に雇用が困難であるとされている知的障害者に新しい雇用の場を創出していると判断される。

4　知的障害者雇用に成功している特例子会社

4－1　作業手順・方法の工夫

　特例子会社では、障害者の作業環境を適切なものにするため、安全装置の開発・トイレ・スロープ・作業台の設計を含む施設面の充実を始め、伝票や用具の色分け表示、コマ（たとえばビー玉のような）を使った作業回数のカウントシステム、特注による作業道具のサイズ・速度等の変更、業務を細分化してそのうちの障害者が可能あるいは得意な分野を抽

出する工夫、社内のコミュニケーション円滑化への細かな工夫等、非常に緻密な組織作りを行っている。とりわけ、知的障害者が分担する作業内容の選択は、一人一人の個性を把握し、それに合った手順を開発する等、入念な配慮がなされている。

知的障害者社員の業務は多岐にわたっており、日本障害者雇用促進協会提供のデータベースをまとめたものによると、以下の順になる(「障害者雇用管理マニュアル」障害者雇用システム研究会：1997,第1章1)

1．クリーニング工　2．ミシン縫製工　3．パン・菓子工　4．包装工　5．木製家具建具工　6．清掃員　7．食料品等の洗浄係　8．肉製品加工工　9．荷造り工　10．セメント製造工

データ自体は古いものであるが、特例子会社等知的障害者の就労場所において、現在も、クリーニング、パン製造、包装、清掃、荷造り等は、よく取り入れられている業務である。この調査から17年を経た、本研究における質問紙調査の結果を第Ⅲ章1－2－2にまとめたが、一定の年月を経て、その業務領域は広がっており、知的障害者が働くための環境作りという点で、着実にノウハウが蓄積されつつあることを裏付けている。

知的障害者は作業における得意と不得意の差が大きい傾向があるため、どの作業をどの社員の担当にするかといった割り当て業務がきわめて重要である。具体例を挙げれば、ラインに並んで作業をする場合、誰と誰が隣り合わせで作業するのか、ラインの先端・中央・末端でそれぞれ要求される技術が異なるため、各位置に適応した人員を配置する等、綿密に計画されている。また、同じ人であっても、日々のコンディションの影響も受けるため、たとえば体調が悪そうな日、疲れがたまっているように見える時などは、ていねいなフォローがなされている。

こうした努力の積み重ねを社内だけに留めず、新たに特例子会社を設立する企業に広く門戸を開け、また特例子会社同士においても、見学受入れや情報の交換等積極的に交流する姿勢が、特例子会社の大きな特色である。このような利潤追求を超えた社会的協働性は、企業の新しい社

会性として大いに注目される。

　独立行政法人高齢・障害者・求職者雇用支援機構（2009：15）によれば、「障害者の職場定着のための配慮・工夫」として、もっとも多くの特例子会社が挙げている点は「社員の結束の強化・相談しやすい体制整備」である。本問は自由記述形式のため、各記述の要約例を引用する。

　「社長によるヒアリングを実施し、直接障害者の悩みを聞く。職場会議にも障害者代表を輪番で参加させる」「相談しやすい環境をつくり、早期に対処している」「知的障害者に対して、定期的にジョブコーチ会議を開き、社員一人ひとりの問題点を共有し対策を考える」等、具体的にその方法を挙げている。

4-2　知的障害者の戦力化

　知的障害者にどのような仕事を割り振ったらよいのか、コミュニケーションはスムーズにとれるだろうか等は、雇用をためらう理由として多く挙げられる点である。その背景には、知的障害者の仕事能力に対する不安感が存在している。

　しかし、知的障害者を積極的に雇用し、その戦力化に成功している民間企業は存在している。決して知的障害者一人一人の能力が企業の経済活動にフィットしないということではなく、その力を引き出す労働環境をどのように設定するかが、依然多くの企業にとって未開発の部分なのである。

　障害者のもつ能力を引き出し、それを最大限発揮できるような環境を実現した事例は、障害者雇用を考えるにあたって、重要な先例である。筆者は、積極的な知的障害者雇用とその能力活用において実績のある特例子会社を現地見学、ヒアリングし、その成功の背景にある姿勢、考え方等を調査し下記にまとめた。

　（以下、本項の用語の選択等は、各社の表記に拠っているため、統一されていない部分がある）

4−2−1 株式会社CFS サンズ （神奈川県横浜市：CFSコーポレーションの特例子会社）

株式会社CFSサンズへの見学および現地取材は2014年7月9日に実施され、内容はその時点に基づいている。ただし、同社の協力により、2016年9月22日付、追記および追記2（脚注67）を本稿に付加した。

追記

株式会社CFSサンズの親会社CFSコーポレーションは、2016年9月1日付ウエルシア薬局株式会社と合併しました。特例子会社である株式会社CFSサンズもウエルシア薬局株式会社の特例子会社ウエルシアオアシス株式会社と合併し、存続会社は、ウエルシアオアシス株式会社となりました。特例子会社同士の合併は全国初の試みです。

　株式会社CFSサンズは、HAC ドラッグ等を展開しているCFSコーポレーションの特例
子会社で2006年に設立された。同社のHP[67]には「社長のあいさつ」として以下が記載されている。
「CFSサンズはCFSコーポレーションの特例子会社として、自ら働く意志と能力を有する障がい者の職業的自立と社会的参加の場として2006年8月に創業、5名の社員を迎え業務を開始しました。仕事内容は、ドラッグストア店舗の支援業務、環境整備業務、寮居室清掃業務、寮備品管理業務、社内メール配付仕分け業務を47名の社員で行っています。社員の可能性を信じ、潜在的な能力を顕在化させると共に個々の長所を伸ばす事で多くの業務遂行が可能です。店舗支援業務ではパンや紙製品の発注業務ができる社員やグループリーダーを任せられる社員が誕生しています。今後も業務の拡大を図り、多くのチャンスが与えられる環境を作っていきます。」
　さらに同社の会社案内には「障害者雇用の考え方」が6点示されてお

り、それらは以下の通りである。

1） 障害の種類に囚われない雇用を進める
2） 障害に適した職域開拓を行い、障害者雇用のモデル事業とする
3） 障害者を企業として顕在化し、障害者が誇りを持って働ける事業とする
4） 雇用率に囚われず、一人でも多くの障害者の社会的自立の手助けをする
5） 外部機関と連携して運営の支えあいをする
6） お金の掛らない運営をする

　こうした姿勢を反映して、CFSサンズの障害者社員は、各店舗（HACドラッグ）において、親会社の社員、取引先の人々、店舗を訪れる顧客等と日常的に接しながら、各自の分担を果たしている。筆者は2014年7月、横浜市内の店舗を見学させていただいた。重度の知的障害がある社員も含め、みな店内できびきびと働いていて、声をかけると、笑顔で対応してくれる。ドラッグストア店内で商品の補充や陳列を行っていれば、当然ながらお客様から声をかけられる。例えば「シャンプーはどこにありますか。」等、いろいろな問いかけが想定される。知的障害のある社員の場合、こうした全く未知の人々からの、いわば突然の質問に上手く対応できるのだろうかと、危惧する企業も多いと思われる。その回答のひとつとして、こうした状況で適確に行動するため、CFSサンズの障害者社員一人一人が、心掛けていることがある。それは、「8大用語プラス1」を大切にするというものである。

1．いらっしゃいませ
2．はい、かしこまりました
3．少々お待ち下さいませ

4．お待たせいたしました
5．申し訳ございません
6．おそれいります
7．失礼いたします
8．ありがとうございます

　そしてプラス1は「分かるものと代わります」で、お客様を担当のスタッフにリエゾンするための一言である。
　これら9のフレーズを組み合わせることで、自信をもって対応することができる。自分が担当している部門の質問や、よく知っていることであれば自分で対応するし、分からないことであれば担当スタッフにすぐに繋ぐということで、店内での業務は非常にスムーズに進行している。
　もちろん最初からこのように円滑に業務が進んでいたわけではなく、最初の2年間はいろいろな苦労があったとのことである。しかし、この時期を乗り越え、各障害者社員の個性や得意分野を把握し、またお客様の問い合わせや職場での様々な必要事項に対応するためのノウハウを開発し、今日の効率的な働きぶりに至っている。そして、特記すべきことは、非常にインクルーシブな労働環境が実現されているという点である。

4－2－2　サンアクアTOTO株式会社（福岡県・北九州市・TOTOの共同出資による第三セクター方式特例子会社）

　（サンアクアTOTO株式会社への見学および現地取材は、2014年12月2日に実施され、内容はその時点に基づいている）

　サンアクアTOTO株式会社は、福岡県1・北九州市1・TOTO3の比率による共同出資により、1993年に設立された第三セクター方式の重度障がい者多数雇用企業・特例子会社である。2014年12月現在、社員79名・契約社員27名の計106名の人員中、障がいのある社員は62名となっている。障がい種別としては、肢体不自由27名、知的障がい11名、

聴覚障がい10名、精神障がい9名、内部疾患3名、視覚障がい2名で、うち重度1,2級が39名である。

　障がい者社員は社内の多くの課に分散して配属され、組立課32名、制作課11名、品質技術課5名、生産管理課5名、新規業務開発課5名、総務課4名と多岐にわたっている。これは、障がい者が分担する仕事の切り出しは、どこの部署でもできるというインクルーシブな考え方から生まれた結果である。この仕事を割り振るとリスクがあるかもしれないといった守りの姿勢ではなく、工夫を凝らすことで障がい者が担当する職域を拡大してきた。

　代表取締役社長西村和芳氏は、「小さな改善から大きなことへとつながっていく。日々アイデアを出し合い、創意工夫する姿勢が大切である」として、一人一人の社員の積極的な問題解決姿勢を育ててきた。たとえば、組立課ではペットボトルを重りに使用した仕掛けによって、工具を手元に引き寄せる、あるいは少し離すといった調節が自在にできる装置が発案され、それぞれが自分の使いやすい距離に合わせて作業できるよう工夫されていた。ペットボトルの水量によって、自由に加減できる点が非常に便利で、かつ日常にあるものを組み合わせて、大きな効果を生みだしている。

　また、事故防止のため必ず保護ゴーグルと革手袋を装着してから使用することになっている動工具があるが、つい失念してそれらの装着なしで使用する可能性があった。その改善のために、機械の上に透明のアクリル蓋がかぶせられ、蓋の上に保護ゴーグルと革手袋が「保護ゴーグル」「革手袋」のシールとともに載せられている。動工具を取り出すためには、ゴーグルと手袋をまず手に取るという手順になるので、そこで装着の念押しがなされるわけである。このような細部にわたるアイデアが社内にちりばめられており、これらの多くは社員の間から出された案である。日常の中にある「困ったこと」や不便なことを、そのままにせず、まず困っているという現実を提起し、それではどんな対策があるかを社員

同士、会社全体で考える。この積み重ねが、社内の使いやすいシステムを構築してきた。

同社はTOTOグループの一員であるので、洗面・トイレが障がいに配慮した最先端の作りであることは想像にかたくないが、社屋全体の設計も明るく美しい。これは、単に気持ちの良い労働環境を創出するということだけでなく、大切なポイントは「安全性」の重視であると言う。つまり、整然とした環境であれば、異常の発見が容易であり、また、その整理された状態を維持しようという意欲も生まれる。それがまた、労働環境の安全に繋がるという良循環である。

現在、知的障がいのある社員は11名で、1名が総務部新規業務開発課においてレッテル印刷業務を担当し、10名が製造部組立課において水栓金具等組立業務に当たっている。さらに、TOTOグループ全体で、障がい者の雇用を拡大する方針を立て、サンアクアTOTOが、この計画の中心的役割を担当し、すでに同社に隣接するグループ企業の事業所を改装して、30人分の作業スペースが確保されている。これからの社会において顧客満足を得るためには、健常者だけの発想では、市場の多様性についていけないと、西村社長は語る。また、顧客だけでなく、勤務する社員の満足度も、多様な人材同士が協力しあい、助けあうことによって高まると指摘する。

同社を見学して、筆者がもっとも重要だと感じた点は、「困ったこと」「不便なこと」を遠慮せず提起できる機会が確保されていること、そしてその対策を社員同士が話し合い、すぐに実行する姿勢である。視覚障がいのある社員が入社して間もなく、淡い色合いの太い柱を目視しにくく、危険であるという問題提起があった。それならば、赤くペイントすれば確認しやすいのではないかという案が出て、解決策として有効なことが確認された。通常であれば、近日中に塗装業者を入れて、ペイント作業を行うところであろうが、創意工夫、できることはすぐに実行というポリシーから、社長が即日自ら赤く塗り上げて、社員はその迅速さに

驚いたというエピソードは、象徴的である。

　同社は、各自のもつ障がいについてオープンであれかしという考え方に立脚している。障がいを伝えることで、自分に合った仕事が見つかる、安心して働ける、周囲の人が協力してくれる、職場の上司に相談できると、そのメリットを挙げている。しかし、もし社内に、オープンにした障がいによる弱点を受け入れ、ともに考え、その困っている点を克服するアイデアを出し合い、さらにすぐに実行するという基盤がなければ、障がい者社員はなかなか障がいによる不自由を発表する気持ちにはならないであろう。そういった点において、同社の「困ったこと」「不便なこと」を遠慮せず提起できる機会を確保し、対策を社員同士が話し合い、すぐに実行するという姿勢は、障がい種別を超えてきわめて大切であり、障がい者雇用におけるひとつのモデルと言えよう。

4－2－3　TGウェルフェア株式会社　（愛知県清須市：豊田合成株式会社の特例子会社）

　（TGウェルフェア株式会社への見学および現地取材は、2015年2月10日に実施され、内容はその時点に基づいている）

　TGウェルフェア株式会社は、1982年、豊田合成（TG）と豊田合成労組との共同出資による「TG・グループ福利厚生会社」として発足した。企業と労組が協力しあってスタートした会社である。その後、豊田合成が労組の保有株式を取得し、社名変更、事業再編等を経て、2010年に「TGウェルフェア株式会社」として特例子会社の認定を受けるに至った。

　TGウェルフェアの最大の特色は、障がい者雇用に際し、健常者雇用と同様のシステムを維持しているという点である。障がい者社員は正社員であり、定年まで勤め上げることが期待されている。採用から定年までのスパンで社員育成のプログラムを敷くことは、健常者においては至極当然であろうが、障がい者の場合は必ずしもそうとは言えない。採用同様、あるいはそれ以上に定着という課題は大きく、さらに長期的な

育成も容易なことではないのである。同社では、障がい者社員がスキルアップを重ねながら戦力として定年まで勤務し、それまでにたとえば財形貯蓄で住宅を購入する案や、退職金の年金化を可能にする等、健常者と同様、努力次第で大きく未来が開ける展望を示している。

また同社は、女性社員が働きやすい労働環境を具現しており、結婚・出産・育児というサイクルに合わせて仕事が続けられるよう、育児休業・短時間勤務等多様な配慮がなされている。社員の男女比率は4対6で女性が多く、管理監督者における女性比率も29%に及んでいる。2013年4月時点において、全社員69名中、障がい者社員20名（約29.0%）という割合で、特例子会社の平均的な障がい者社員比率70.0%（第Ⅲ章1参照：ダブルカウントを外して算出）より低く、障がい者雇用のみならず、多様性を重視したダイバーシティ環境の実現が特例子会社内でなされている点で、パイオニア的な存在と言えよう。

障がい者社員20名の内訳は、重度知的障がい者（就労判定による重度を含む）12名、非重度知的障がい者6名、重度身体障がい者1名、精神障がい者1名で、重度障がい者の雇用が多いため、法定雇用率のダブルカウント等を加味した障がい者雇用率は49%に相当する。うち、19名が20代であり、働き盛りの年齢である。実際に仕事場を見学させていただくと、社員ひとりひとりの集中力の高さに驚かされる。見学時は、エンジン部品の加工作業中で、作業板を前にした立ち仕事である。この作業が甘いとオイル漏れが生じるという、非常に重要なガスケットというパーツを担当している。なかでも輪状のゴムに付属している突起部分をニッパーで取り除く作業がむずかしく、1/10ミリを意識しつつまっすぐに完全に除去するのは相当の訓練と集中力が必要である。見学者である筆者もサンプルを試行させていただいたが、良品の域には到達できなかった。入社時はまずニッパーではなく、誰でもレバーを倒すだけで首尾よく突起部分が除去できる器具を使用し、仕事場の雰囲気に慣れ、手指を動かして作業することを体得していく。そして最終的には、ニッパー加

工に移行していくのだが、なぜ難易度の高いニッパーをツールとして採用しているのだろうか。当時社長の本田さんはその選択について以下のように説明している。

　「品質や生産性も大切ですが、それよりも弊社の障がい者雇用の目的である"自立（社員として、社会人としての自立）"を優先するためです。ニッパーは指先を器用に使わなければなりません。指先を使うことが脳へのよい刺激になるでしょうし、さらに、集中力と熟練が必要な作業で、お客様が期待する品質を守り続けることは『職人』としての誇りであり、その誇りが、彼らにとって、働き続ける上でのモチベーションになるだろうと考えたからです」

　このような長期的視点は、障がい者雇用においてはとりわけ重要である。つまり、日々の作業が、技能の開発や職業人としての矜持の育成につながっているのである。毎日のことであるから、その積み重ねによる成果は、はかりしれない。作業効率という点では、他の方法でも代替することが可能であるが、ニッパー加工が選ばれているのは、まさに社長の言葉が示す通り、それが作業であると同時にトレーニングとしても機能し、また『職人』としての気概を養うためにも有効だからなのである。

　今日まで障がい者社員の誰一人取り残されず、皆がニッパーを手際よく動かして作業に当たっている。当初は、作業工程を分業していたそうであるが、現在は一人で最初から最後まで担当し、完成した部品を納めたボックスに自分の名前を記した札を入れて、責任を明示している。

　もちろん最初からこのようにスムーズに職場が運営されていたわけではなく、2010年に特例子会社として新たに発足してから、初めの1年間は試行錯誤の連続であった。それまで家庭と学校という限られた世界で保護を受けながら生活してきた日々に対し、職業人として社会人として自立を目指して、第一歩を踏み出すわけであるから、それは大きな変

化である。会社と家庭が連絡帳を交換して密に連絡しあい、時には学校とも連携をとりながら、根気よくサポートをしてきた。まず自信がもてる得意な分野から始め、諦めずに繰り返すことで次第に担当職域が広がり、スキルも大幅にアップした。当初半分を超える不良品率でとても無理ではないかと思われた作業もどんどんと上達し、3カ月後には不良品率がほとんどゼロに近いところまで成長した（図A参照）。このプロセスで重要なことは、作業を動作ごとのピースに分解し、具体的かつ明確に指示すること、体が自然に動き出すまで何回も繰り返すこと、必ずその場で現物を示して指導すること等が挙げられる。特に外観検査による検品は、きわめて重要な作業で難易度が高い。どの箇所に問題があって不良なのかを言葉で説明するのではなく、多岐にわたる不良品サンプルを現実に呈示することで理解は格段に深まり、検品作業でのミスも激減した（図B参照）。抽象的な説明や曖昧な部分を含んだ文言ではなく、明確かつ具体的に指示することによって、知的障がい者社員のパフォーマンスは格段に上昇することが実証された。こうした現場における経験・ノウハウをTGウェルフェアではDVDにまとめて頒布しており、同時に職場を解放して見学者を広く受け入れることによって、障がい者雇用に関する情報発信を行っている。

　また、障がい者社員の職業的スキルの向上に加えて、生活面での自立に必要な金銭管理や生活習慣についても、家庭と連絡をとりながら、アドバイス・支援を積極的に行っている。炊事・洗濯や身だしなみなど日常生活に必要な基本所作や、ATMの使い方、店舗での金銭の受け渡し、外食の仕方に至るまで、相談員が親身の支援を行っている。

　本研究において、保護雇用の重要な要件として、スキルアップした障がい者社員のグループ会社への移行あるいは交流の必要性を繰り返し述べているが、同社においてそれが実施されている点も注目される。入社後、社内での指導・実務を通してスキルアップした障がい者社員は、社内作業だけでなく、よりインクルーシブな環境にあるグループ会社等

に出向いて、業務を請け負っている。筆者の見学日においても、そのような形で他社に出向している障がい者社員がいるということであった。

　障がい者社員を全員正社員で雇用し、定年までの長いスパンでその育成を考えている点、障がい者だけでなく、女性の活躍を鼓舞し、多様な人材が協働する環境を実現している点、障がい者社員が他社へ出向いて作業する等、スキルアップを生かす環境設計を考慮している点、障がい者社員の戦力化経験から得られたノウハウを社会に発信している点等、TGウェルフェアは特例子会社の新しい側面に着手していると言えよう。

　今後障がい者雇用は、採用に重点をおいてきたステージから、次第に定着と育成が重要視されるステージに移行していくものと思われる。従来の新規採用を支援する公的支援体制に加えて、長期的な定着に取り組む企業への支援も喫緊の課題である。

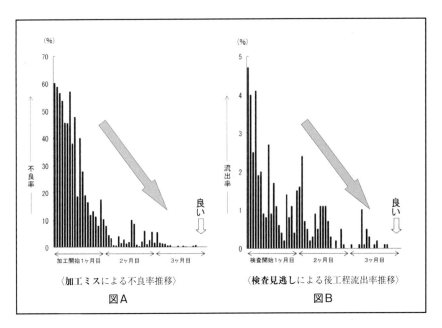

〈加工ミスによる不良率推移〉
図A

〈検査見逃しによる後工程流出率推移〉
図B

出所：TGウェルフェア株式会社

（以上、取材させていただいた各企業の印刷物等の表記に合わせて、本項においては「障害」の記載を「障がい」とした箇所が存在している）

　以上の3社は、業種・業態・所在地等、さまざまである。共通して言えることは、職場の随所に工夫が凝らされているという点である。それはハード面だけでなく、ソフト面においても、少しでも使いやすく、あるいは働きやすくするために、本当にあらゆるアイデアが施されている。その工夫やアイデアの発見・実施に社員自らが積極的に参加し、それによってますます働き甲斐が生まれるという良い循環が実現されていると言えよう。ひとつひとつは小さな事柄でも積み重なって大きなパワーとなっている。

　結局、知的障害者をはじめ障害者の戦力化の成功例を分析すると、何か大きな発明発見があって、それが全体を成功に導いているというより、「どうしたら働きやすくなるか」という問いにひとつひとつ着実に応えてきた積み重ねの集合体が鍵なのだということに気が付く。

4－3　障害者の戦力化と特別支援学校の職業プログラム

　障害者の能力を最大限に引き出している企業において、テキパキと作業する集中力の高い姿をみると、障害があったとしてもその個人に適した作業を分担することによって、健常者以上の忍耐強さをもって非常に高いパフォーマンスを示すということが実感される。また、第三者との接触が必要な職種に職域を広げて成功している特例子会社も増加しており、障害のあるなしに関わらず、我が国の雇用吸収力の流れがサービス業に向かっていることを感じる。

　少しずつではあるが、知的障害者への一般雇用が広がりつつある状況の背景には、特別支援学校（養護学校）高等部の職業科あるいは職業コース卒業生の高い就職率もひとつの要因として挙げられる。東京都内では、永福学園・青峰学園・南大沢学園・志村学園と比較的軽度の知的

障害児を対象とした高等部を持つ特別支援学校が次々と新設され、新しいプログラムを実施している。神奈川県横浜市においても、横浜市立の軽度知的障害児を対象とした特別支援学校として、日野中央高等特別支援学校、二つ橋高等特別支援学校が、職業を意識した新しい教育を開発し、その卒業生を高い割合で一般就労に送り出している。横浜市立としては、2013年に若葉台特別支援学校に同様の主旨の知的障害児を対象とした高等部が新設されている。こうした支援学校においては、特例子会社を含めた様々な組織から、社会人講師を招聘する等、実社会と密接な接点を持ったプログラムを実施する例も増えている。

「かつては製造業を中心とした企業への就労が多くを占めていたが、最近はサービス業への就労の増加が著しい。年々増加している特例子会社において、特別支援学校卒業生が、ビル清掃業務・事務補助等に従事することも多くなってきている。このことを踏まえ、全国の特別支援学校においても、作業学習で新たな作業種を設定して取り組む学校が見られるようになってきた」と、「特別支援学校における就労支援の在り方に関する調査研究」（埼玉県立総合教育センター　特別支援教育担当2008）において指摘がなされている。実際、特別支援学校において、清掃、ビルクリーニング、庭木の手入れ、IT関連の技術習得、名刺作り等の実習の実施、障害者就労アドバイザーの助言を受ける機会を設ける等、特例子会社を含む一般就労への取組みが強化されている。

4-3-1　特別支援学校高等部職業科とインターンシップ

特別支援学校高等部職業科の重要なプログラムとして、企業へのインターンシップ体験がある。学校外の実社会における体験という側面が評価され、職業科のみならず、特別支援学校の小学校・中学校においてもインターンシップは導入され、生徒・受け入れ側（社会全般）の双方にポジティブな影響を及ぼしている。

軽度の知的障害のある生徒を対象に、卒業後の企業就労を目指してい

る高等部のプログラムを例にとると、1年生の秋に就労体験実習1週間、2年生の春2週間・秋2週間、そして3年生春4週間・秋4週間と、学年が進むにつれてその体験を生かし、長期間のインターンシップに挑戦している。学校で培ってきたいろいろな力を現場で再確認するとともに、3学年になると実際の就職の場としての可能性も検討されるようになる。インターンシップを通して、その企業に就職する例も多い。

　次節において詳細を記述するが、筆者の行った特例子会社に対する質問紙調査においても、インターンシップ生を受け入れた経験があるという回答は、有効回答数54のうち42社（77.8％）に及んでおり、さらにそのインターンシップの後、その生徒を雇用した経験がある特例子会社は21社となっている。

　ここにおいて注目すべき点は、特別支援学校の先生（教諭）の、インターンシップの場を開拓する情熱である。営利企業である一つ一つの企業がその営利活動を展開している日常の職場に、知的障害のある生徒をインターンシップ生として受け入れることは、大きな決断が必要である。障害者雇用に経験がある企業はその障壁が緩和されるであろうが、未経験の企業にとっては、受け入れる生徒自身の安全（当該保険に加入している）、営業中である仕事場の管理、他の社員との関係、生徒たちが担当する仕事の適切な切り出し等、不安に感じることが多々ある。こうした状況下、特別支援学校の先生方は、資料を携えてエリアの企業を訪問し、障害児の状況を説明し、誤解を払拭して、インターンシップの場、引いては就職の場を日々開拓している。最終的にはハローワークに求人票が提出され、それを通しての就職という形をとるが、ハローワークの職員の方々も、特別支援学校の先生方の企業開拓にかける努力を高く評価している。

　また、生徒たちのインターンシップ先あるいは就労の場として、民間企業とともに各役所等公的機関も積極的に参加している。例えば、東京都は「知的障害者への清掃業務管理マニュアル」(2011)を、都庁舎の清

掃業務に2010年から2012年にわたり知的障害者が従事した際の経験に基づいて作成している。清掃用具の改良から、仕事を依頼する際の伝わりやすい表現に至るまで、細部にわたってアドバイスが記載されており、貴重な資料である。このような経験に基づく情報が、民間・公的部門・学校等で多角的に交換されることは、知的障害者雇用推進において、きわめて重要であり、特例子会社も障害者雇用の専門性を生かして、その発信基地となりつつある。

第Ⅳ章
特例子会社制度への批判

1 中小企業にとって特例子会社制度は使いにくい：
  事業協同組合等算定特例 ………………… 120
2 一般企業における知的障害者雇用を
  推進すべきではないか ………………… 130

1　中小企業にとって特例子会社制度は使いにくい：事業協同組合等算定特例

　特例子会社制度が障害者雇用のシステムとして有効であっても、親会社と子会社という二重構造で成立している本制度は、中小企業にとっては資金的あるいは人的に、ハードルの高いシステムであるのも事実である。特例子会社制度の現状の形態では、中小企業の参加は見込めないという問題があった。その対策として、特例子会社制度の中小企業バージョンとも言うべき、「事業協同組合等算定特例」（特定事業主特例）が、2009年4月創設された。その背景には、中小企業における障害者雇用率の低迷が存在している。

　会社規模別の障害者雇用の現状を、以下確認していくが、ここにおいて各企業規模（小企業から大企業まで）の、本研究における定義を以下のように定める。本研究においては、厚生労働省が毎年発表している「障害者雇用状況の集計結果」における、企業規模の分類に準拠することとし、最小企業（従業員数50人以上100人未満）、小企業（従業員数100人以上300人未満）、中企業（従業員数300人以上1,000人未満）、大企業（従業員数1,000人以上）と定義する。

1－1　法定雇用率クリアの大企業群と低雇用率の最小企業群

　本来、法定雇用率は速やかに遵守されるべきであるが、実際は様々な企業努力にもかかわらず未達成であることは第Ⅰ章　図6に示す通りである。ひとくくりに民間企業と言っても、その状況は多様である。2014年の集計結果を規模別に図表化した図19をみてみよう。

図19　企業規模別実雇用率等一覧（2014年時点の法定雇用率2.0％）

規模	社数	雇用障害者数	実雇用率（％）	達成企業の割合（％）
1000人以上	3,122	217,207.0	2.05	49.5
500-1000人未満	4,396	51,826.5	1.83	41.7
300-500人未満	6,441	40,379.0	1.76	42.5
100-300人未満	33,866	82,368.0	1.58	45.9
50-100人未満	38,823	39,445.0	1.46	44.1

出所：平成26年障害者雇用状況の集計結果[68]（厚生労働省2014、(2)　企業規模別の雇用状況）より筆者作成

　1,000人以上規模の大企業群は、実雇用率2.05％で法定雇用率2.0％（2013年4月、従来の1.8％から2.0％に引き上げられた）を上回っている。それに対し、最小企業群（50-100人未満）は実雇用率1.46％と低く、全体の実雇用率の引き下げ要因のひとつになっている。

1-2　最小企業群におけるゼロ雇用企業と複数名雇用企業

　最小企業群（50-100人未満）においては、障害者1名もしくは短時間労働者2名（重度障害者の場合は1名）を雇用することで、法定雇用率は達成される。つまり、このクラスターにおける雇用率未達成企業のほとんどは（0.5名雇用企業を除き）、ゼロ雇用企業と呼ばれる全く障害者を雇用していない企業である。厚生労働省（2014）によれば、50-100人規模企業の未達成企業2万1,721社のうち、2万992社がゼロ雇用である。

　一方、50-100人企業群全体の44.1％に当たる法定雇用率達成企業1万7,102社においては平均2.29人を雇用していることが下記の計算により算出され、法定雇用率に定められた1人雇用義務を大きく超えている。

　（計算式）50-100人規模群における未達成企業2万1,721社のうち、0.5人雇用している企業（ゼロ雇用ではないが法定雇用率1.0人には満たない企業）729社による雇用障害者数は、364.5人。

　達成企業1万7,102社により3万9,080.5人（3万9,445.0-364.5）が雇用

されている。

　従って、達成企業は1社平均2.29（小数点第三位四捨五入）人を雇用していることになる。

　以上の分析から、最小企業群のうち半分弱の企業は障害者雇用に積極的で、平均2.29人の障害者を雇用しており、半分強は全く障害者雇用をしていないという、二極化した実態が読み取れる。民間企業におけるゼロ雇用企業2万8,425社中2万992社（厚生労働省2014a,〔5〕障害者不足数階級別の法定雇用率未達成企業数）、73.9％を占める最小企業群（50-100人規模）のゼロ雇用企業が、雇用を開始することは、共生社会に連なる一員として非常に重要であり、喫緊の課題である。

1−3　ゼロ雇用小企業の雇用開始促進策としての特例子会社
1−3−1　「中小企業における障害者の雇用の促進に関する研究会報告書」

　雇用支援策としては、トライアル雇用、ジョブコーチ支援等は、企業規模に関わらず対象となる。中小企業を対象とした障害者雇用支援策は、国の施策としては、中小企業障害者多数雇用施設設置等助成金、200人以下規模企業事業主の納付金徴収免除（2015年からは100人以下となる）、報奨金の支給等があり、東京都中小企業障害者雇用支援助成金のように地方自治体による支援策も講じられており、助成金による施策が多い。

　助成金による資金的援助は障害者雇用を開始する小企業にとってその費用負担を軽減する意味において有効であるが、継続的な雇用を実現するためには構造的な仕組み作りの支援が必要である。その具体的な検討として2007年に発表された「中小企業における障害者の雇用に促進に関する研究会報告書」[69]（中小企業における障害者の雇用の促進に関する研究会：2007）において、「複数の中小企業が共同で障害者を雇用する仕組み」が「今後の中小企業に対する雇用支援策等の在り方」のひとつと

して提案された(中小企業における障害者の雇用の促進に関する研究会 2007：9)。

一方、労働政策審議会障害者雇用分科会においては、2009年1月28日、「障害者の雇用の促進等に関する法律の一部を改正する法律について」、「法改正に伴う政省令等の主な改正事項等について」等が議題に挙がり、その中において中小企業の連携による障害者雇用促進案と考えられる「事業協同組合等算定特例」(特例詳細は次章4-2参照)について議論がなされた。さらに同年2月4日、2月26日と、引き続き同分科会において議論がなされ、2009年4月1日「事業協同組合等算定特例」は施行されるに至った。

以上の経緯で制定された「事業協同組合等算定特例」は、いわば中小企業版の特例子会社制度と言えるものである。厚生労働省によれば、「この事業協同組合等特例は、中小企業が事業協同組合等を活用して共同事業を行い、一定の要件[70]を満たすものとして厚生労働大臣の認定を受けたものについて、事業協同組合等(特定組合等)とその組合員である中小企業(特定事業主)で実雇用率の通算が可能となるものである」と規定される。事業協同組合、水産加工業協同組合、商工組合又は商店街振興組合が対象になる。

一社一社の小企業が設備投資、雇用ノウハウの蓄積、障害者雇用に十分な仕事量の確保を行い、障害者雇用に適した環境を作ることは容易ではないが、複数社が集まって運営する協同組合形式であるなら、その負担度合は軽減され、今後の活用が期待されるシステムである。

1-3-2　先行調査にみる事業協同組合型障害者雇用例

事業協同組合型障害者雇用に関する先行研究はまだきわめて少ない。前述のように「中小企業における障害者の雇用の促進に関する研究会」(2007：9)が、複数の中小企業が共同で障害者を雇用する仕組み構築をまず提案している。一方、独立行政法人高齢・障害者・求職者雇用支

援機構は、事業協同組合型障害者雇用に関する調査を2007-2008年度に行い、その調査結果を発表している。この先行調査は、綾瀬市リサイクル協同組合(神奈川県)と神奈川県建設総合サービス協同組合に委託し、2007-2008年度の2カ年計画で「中小企業が協働して障害者雇用を推進するモデル事業」に基づいて実施されたものである。

上記研究会は、個々の中小企業が障害者雇用を進めるのに十分な仕事量を確保することが難しいケースが想定されるとして、数社で業務を切り出し集約することで、障害者の仕事を確保することの重要性を指摘している。

また、同研究会は各関係機関へのヒアリングを行っている。そのひとつである就労支援機関ヒアリングにおいて、共同で障害者雇用に当たる仕組みを雇用率に反映するシステムが構築されたならば、障害者雇用促進に非常に有効であろうという意見が出されたことを紹介している。

(A) 綾瀬市リサイクル協同組合

以下、綾瀬市リサイクル協同組合と神奈川県建設総合サービス協同組合による障害者雇用について、独立行政法人高齢・障害者・求職者雇用支援機構(2008)「事業協同組合における障害者雇用事例-中小企業の共同による障害者雇用の取組-」、『職域拡大等研究調査報告書』No.269に基づいて紹介する。

(1) 経緯

1984年綾瀬市において資源物等の回収・運搬・処理事業が開始されるに当たり、その業務の受け皿として、それぞれ問屋組織を持っている5社からなる「協力会」が発足し、1986年にその発展形として綾瀬市リサイクル協同組合が設立された。組合の共同作業施設において知的障害者を13年以上雇用してきた経験の蓄積があったため、2004年社会福祉法人県央地域就労援助センターと協力しつつ、障害者4名を同時に実習

生として受け入れた。その後さらに2名が加わり、実習から雇用へと移行。現在社員11名中6名が障害者(知的3・精神3)であり、ビン・缶等の選別と電機製品等の解体を主業務としている。

(2) **組合における仕事の流れ**

綾瀬市からの資源物等の回収・運搬・処理業務を、組合が受注し、その仕事を組合員企業及び組合自体に再発注する。選別されたものは各組合員企業に納品され管理される。この流れの中で現在障害者が担当しているのは、組合における処理業務(選別と解体)である。

(3) **障害者社員への対応**

組合業務を細分化・簡素化することで障害者に適した仕事を切り出すとともに、仕事が継続的に確保されるよう心がけている。障害者の仕事調整等を担当する職員を置くことも大切である。地域就労援助センターと連携し、ジョブコーチとの関わりを密にしている。

(4) **組合員企業との関わり**

日常においては、組合の事務局職員が専任で障害者の雇用管理に当たっている。組合員企業5社は、月に一度開催される組合会議の場において、障害者雇用の現状等について情報を交換し、この会議における決定事項に基づいて、組合事務局が障害者の雇用管理を行っている。

(5) **組合・組合員企業による障害者の職域開発/職場定着対応マニュアル**

経験によってまとめられたマニュアルには、実践的なノウハウに関わるポイントとして以下5点が挙げられている。

1) 長時間の作業にせず、短時間の組み合わせにする。休憩時の会話が重要である
2) グループでの目標設定(障害者の得手・不得手を確認する)
3) 作業を3-4工程に区分し、時間ごとに適宜入れ替え等を行う
4) 曜日・天候・人間関係などによる体調等の変化や状態の把握

5） 効率化と費用対効果を試算する（精度等に応じた配置を考える）

　以上、綾瀬市リサイクル協同組合の雇用例の概略を記載した。組合の共同作業施設と組合専任の職員を擁していること、障害者雇用の実績とノウハウが蓄積されていること等が、さらなる発展的雇用に結びついた例である。協同組合の障害者雇用における先行例として、ますますの情報発信が期待される。

(B) 神奈川県建設総合サービス協同組合
(1) 経緯
　神奈川県建設総合サービス協同組合は、1992年設立の組合員企業3社から成る協同組合で、建設業またはビルメンテナンス業を営む事業者によって構成されている。2007年組合員企業からの障害者雇用提案が契機となって協議に入った。組合員企業一社一社では、障害者雇用の必要性を感じながらも、ノウハウがないこと、経営基盤が脆弱であること、障害者が現場の即戦力となるだけの作業能力を修得するのに必要な期間・体制についての課題等、踏み切れない要素が多々存在していた。そこで、組合自体が障害者を雇用することを基本方針として、障害者雇用開始に取り組むことになった。

(2) 組合における仕事の流れ
　共同施設・専属職員をもたない組合である。ビルメンテナンス業務等を共同受注し、組合の責任のもと、各組合員企業が顧客の施設を仕事先として業務を行っている。障害者雇用開始に当たって、各組合員業務のうちの日常清掃業務を、障害者雇用の業務として切り出す方向となった。

(3) 障害者への対応
　2008年、養護学校高等部から職場実習生1名を受け入れるとともに、障害者担当職員を1名新規採用した。この経験をもとに、同年、精神障

害をもつ求職者をハローワークを通じてトライアル雇用し、1ヶ月後に正規雇用となった。担当業務は日常清掃で、仕事場は地域の農業協同組合である。

(4) **組合員企業及び関連組織との関わり**

組合内に推進員を設置し、作業部会と推進会議（推進員で構成）を開催、必要な連絡調整、検討等を行う。作業部会は、組合及び各組合員企業代表、推進員、神奈川県中小企業団体中央会（この組合の上部団体）、ハローワーク、就労支援機関の各担当者11名によって構成され、隔月開催である。推進員は現在3名で、各組合員企業との連絡調整、就労支援の整理、先進事例の施策等を担当する。推進会議は毎月開催される。また、「神奈川ソーシャルインクルージョン推進機構」立ち上げに参加し、一組合としての単独行動ではなく、この機構を通したネットワークを通じての障害者雇用に取り組む姿勢を明確にする。

(5) **障害者雇用開始例**

上記組合の最大の特色は、「共同施設をもっていない組合」における障害者雇用であるという点、及び障害者雇用の経験がない状態からのスタートであるという点である。障害者雇用を開始しようという熱意をもって、周囲とのネットワークを積極的に築き、初めての雇用を成功させている。隔月で開かれる作業部会において、ハローワーク、就労支援機関の各担当者も出席し、意見交換、進捗状況の確認等を行っている点が注目される。組合内に作業場がなく、障害者社員は顧客の現場において仕事をすることになるが、綿密な打ち合わせとサポートにより順調に推移しており、共同作業場をもたない組合にとって重要な先例である。

１－３－３　特例子会社制度と事業協同組合等算定特例

先行調査例を基に事業協同組合型の障害者雇用を成功させるために、不可欠と思われる重要点を以下まとめると

1）事業協同組合における障害者雇用担当のチーム・担当者・窓口を明確にする
2）担当窓口を必ず通すことによって、組合会員・社員・仕事先である顧客等への連携をスムーズにする
3）月例会等、定期的に組合、組合会員、現場担当者、関係協力組織等が情報交換、意見交換できる場を作る。また、そこにおける決定事項を担当部署に的確に伝達する
4）支援センター、ハローワーク、特別支援学校等と連携をとり、実習生の受け入れ・トライアル雇用を活用する。またこれら専門機関からアドバイスを受ける
5）障害者雇用の先行企業・組織の見学・ヒアリングを積極的に行う
6）日常業務を細分化しその内容を吟味することで、障害者にもっとも適した仕事を切り出し、また一定の発注量を継続する

以上、1-3までは事業協同組合に特に必要な点であり、4-6は障害者雇用全般において必要な点である。両者が達成されることで、障害者雇用に適した環境を創出することが可能になる。

特例子会社が保護雇用の場として、最低賃金を確保しながら、労働市場での弱者である知的障害者に雇用を創出してきた機能とほぼ同様の働きが、事業協同組合等算定特例にも期待できる。

組合独自の施設や社員を擁していない場合、それが組合形式での障害者雇用に踏み切れない一因となっている可能性がある。しかし、先行例のように、共同設備を有していなくても、定期的に会合を持ち連絡を密にすること、責任体制を明確にすることで、組合型障害者雇用は可能である。一社だけで障害者雇用問題を抱え込むことなく、組合という共同の場を得ることで、情報交換、人的・資金的側面での拡充、受注量の安定、社会的信頼等得るものは多い。

また、組合型の取組みでは、資金の分担、障害者雇用納付金が発生した場合の各特定事業主への賦課の按分等、協同組合として事前に検討すべき事柄が多くなるのも事実である。これら認定要件に関連する構造的決定事項は、十分なコンセンサスのもとスタートすることが大切である。

1－3－4　事業協同組合等算定特例における適用範囲拡大の必要性と有限責任事業組合（LLP）[71]の提案

　「事業協同組合等算定特例」創設から3年が経過した2012年5月末現在で、事業協同組合等算定特例の認定は、わずかに1件（東京都内のビルメンテナンス系組合）、その後1件増えて2013年5月末現在2件である。利用件数が伸びない理由のひとつは、特例の対象が、事業協同組合、水産加工業協同組合、商工組合又は商店街振興組合に限定されていることがあると推測される。政府広報オンライン[72]によれば、2009年3月末現在、事業協同組合は3万2,384組合存在しているので、その総数は決して少なくはないが、未知数であるシステムに挑戦するに当たっては、さらなる柔軟性が必要と思われる。既存の組合が算定特例に取り組むケースだけでなく、障害者雇用をスタートしようとしている小企業同士が協力し合う新しい仕組みが求められているのである。

　ここで、新しい事業体形式として、2005年に制定された有限責任事業組合について触れてみたい。有限責任事業組合は、民法組合の特例として2005年に制定され、有限責任制、内部自治原則、構成員課税という特色をもつ。設立に要する費用・時間も少ない。ベンチャーや中小企業と大企業の連携、中小企業同士の連携、大企業同士の共同研究開発、産学連携、IT等の専門技能を持つ人材による共同事業等を振興し、新産業を創造することを目的として、制定された。

　この有限責任事業組合という新しい事業体は、小企業数社が共同して障害者雇用を開始しようとする場合、非常に適したシステムと考えられ

る。つまり、障害者雇用を共通の目的とした小企業同士の連携という点において有効な事業体であり、有限責任事業組合（LLP）を事業協同組合の一種として事業協同組合等算定特例対象に含めることによって、特例活用の可能性が広がると思われる。

現時点では特例の対象が、事業協同組合、水産加工業協同組合、商工組合、商店街振興組合に限定されているが、まずは当該制度の活発な活用を目標に柔軟な対応が必要と思われる。

2　一般企業における知的障害者雇用を推進すべきではないか

特例子会社制度は、障害者雇用促進法第44条に規定された特例制度であることは、「序章」において述べた。こうした背景から、本来的な雇用、つまり健常者の通常の環境にともに障害者もある状態・インクルーシブな環境こそを促進すべきで、保護雇用的な労働環境である特例子会社制度は、共生社会形成を目指す障害者雇用の方向性からずれているのではないかという指摘は少なくない。

先行研究として挙げた市村（2012）や伊藤（2012）の論文においても、同様の指摘をめぐってそれぞれ異なる視点から分析がなされている。特例子会社は、共生社会においてどのような位置付けになるのだろうか。以下、特例子会社制度が知的障害者の労働環境を改善する有力なシステムであり、その見地から、共生社会形成を目指す上で重要な役割を担っていることを示し、上記の批判が当たらないことを論証する。

2-1　本研究の対象は知的障害者であるという前提

ひとくちに障害者と言っても、その種別や障害の程度によって、それぞれの状況は異なることは「序章」において記述したとおりである。特例子会社制度の是非を論ずる場合、その対象者がどのような人々である

かは非常に重要である。健常者とともに働く環境に多少の合理的配慮があれば、すぐになじめる障害者もいるであろうし、受け入れ側に相当の工夫や時間をかけた配慮調整が必要なケースもある。知的障害者は後者に属し、言語によるコミュニケーションがむずかしい場合があることや、業務内容により得意不得意の差が大きいこと等から、一般企業では受け入れにくい、何を担当してもらうかが思い浮かばないといった、漠然とした不安感をもってその雇用が逡巡されることが多かった。労働市場において、非常に不利な立場に置かれた人々なのである。

　知的障害者自身においても、幼少時より社会とのいろいろな齟齬によって、自信の喪失、いじめの体験等を経て、一般企業就労に対する漠然とした敷居の高さを感じてきた例は多い。このような厳しい背景をもつ知的障害者を民間企業が雇用するにあたっては、十分な配慮をもって一般企業が雇用するとともに、民間企業ではあるが、知的障害者に特別な配慮ができる特例子会社は、両者の不安を軽減する機能をフルに発揮することで、重度を含む知的障害者をより積極的に雇用することが可能である。

　本研究で論じているのは、一般民間企業へ就労することがむずかしいため、福祉的事業所で低収入に甘んじている、あるいは就労そのものをやめてしまうといった状態にある知的障害者が対象であり、特例子会社でなければ新しい道を踏み出すことが困難であると考えられる人々についてである。

　以下、労働市場においてきわめて不利な立場に立たされている知的障害者によりよい労働環境を具現するという本研究の課題を念頭において、特例子会社制度について論じる。

２－２　配慮の差で生じるインクルージョン下の成功例と失敗例

　共生社会における本来的な雇用とされるインクルーシブな環境、つまり健常者が働く通常の一般企業において知的障害者もともに働くといっ

た状況は、なぜ尊重されるのか。また、インクルージョンは知的障害者にとって、健常者にとって、ひいては会社全体にとってどのような影響を及ぼすのであろうか。2-2-1では、先行調査研究を分析することで、インクルージョンのもつ良さを確認し、その成功例を具体的に把握する。

次に2-2-2では、本来豊かな社会をもたらすはずのインクルージョンが、うまく機能せず、知的障害者、周囲の健常者、会社にとってもマイナスとなる現象が引き起こされるケースを分析し、インクルージョンを成功させるためには、準備が必要であることを証する。

2-2-1　インクルージョン下の環境 a：成功例
(A)　インクルージョンは企業体の活性化に繋がる

インクルージョンの成功例としては、アメリカ労働省障害者雇用政策局[73]がJAN (Job Accommodating Network) を通して実施した調査データを分析した結果が挙げられる。Helen et al (2011) による同データの調査研究によって、障害者雇用は企業の利益率向上にプラスに働くという結論を導きだしている。障害者を雇用し、ともに働くことで、質の高い社員の離職が減少し、新社員の採用や訓練に関するコストの削減がみられ、会社の利益率は向上した。さらに労使間において人間同士として認め合う風潮が養われ、社内の文化・雰囲気が改善されたことを明らかにしている。つまり、障害者を雇用したことにより、雇用された障害者本人だけでなく、職場全体に好影響が波及し、企業の利益率向上にも寄与したというのである。

同様の職場風土の変化は、アメリカだけでなく日本においても指摘されている。影山 (2013a)[74]はさらに踏み込んで、障害者を雇用しているから業績がよいのか、業績がよいから障害者を雇用しようと決断したのかを峻別するために、「障がい者との接触」と「業績」との関係に注目し、企業および社員を対象としたアンケート調査を実施した (影山2013a：99)。その結果、「障がい者との接触」が増えることにより「業績」が上昇

するという関係を導き出している。障害者を雇用することによって、職場環境が健常者だけという状況から、障害者と健常者が触れ合いながら仕事をする環境に変化することになる。そのお互いの接触を通して今まで認識されなかった障害者の能力に健常者が気付く。障がい者は社内の雰囲気を改善させ、ひいてはそれが健常者の職務満足度上昇に繋がる。組織風土が活性化されることにより、企業利益にプラスに作用するという調査結果が示されている。影山はこれを「組織内マクロ労働生産性」と名付けている。労働生産性は通常ミクロ（個人）を対象にしているケースが多いが、影山は障害者とともに働くことで、健常者・障害者双方を含むチーム全体の生産性が上昇することに着目し、「マクロ」としたところに新しい視点がある。

さらに影山（2013ｂ：155）[75]において

　……『接触多』は、障がい者のイメージを改善する可能性が高い。しかし、イメージ改善にいたっていない場合、障がい者は、無能な存在、経営上マイナスにしかならない存在、大変なだけの存在と認識されながら雇用される可能性がある。そのように思われながら雇用されるよりも、意味のある存在として雇用されていた方が、障がい者にとっても、その家族にとっても、良いはずである。すなわち、経営上の意義を認識しつつ障がい者雇用している企業は、障がい者やその家族に雇用の喜びを与えることができる方策を『経営戦略』として展開しているといえる

と述べている。

このような経営戦略という観点から障害者雇用を取り上げているという点では、アメリカ・ワシントン州のワシントン大学Employment Officeも同様であり、同オフィスでは、障害者雇用のメリットを具体的に6点挙げている。

1) 障害のある顧客への適切な対応を準備できる
2) 障害者雇用によって職場に多様性が生まれ、問題解決の際に広い視野で対処できる
3) 高い生産性
4) 離職率の低下
5) 社会（パブリック、メディア、コミュニティ）との関係を円滑化する
6) 税制上の優遇が得られる

上記の「高い生産性」に関しては、さらに詳細がリンクされているので、以下翻訳引用する[76]。

> アメリカ労働省の実施するワークフォース2000によれば、このミレニアムにおいて新規に雇用された人員の85％は、人種、文化、出身国の多様性を示している。こうした変化に対応するためには、雇用者はダイバーシティの価値を学び、非伝統的な人材からの雇用を実施する必要がある。障害を持つ人々の中から、質の高い、やる気にあふれた人材を見出すことができるだろう。
> 35年にわたる調査の結果、デュポンの障害者社員は一貫して業務の遂行・出退勤・安全上の対応という点において、健常者社員と同等かそれを上回る成果を残してきた。
> ……デュポンは、障害者社員の貢献は、企業に発生する補助具等の合理的配慮に要する費用を大きく上回っていると認識している。……

以上の研究調査は、障害種別全般にわたるもので知的障害者に限定して焦点を当てたものではないが、インクルーシブな環境がプラスに機能しているケースであり、インクルージョンは、すべての人々が平等に自

分の幸福と希望を追求できる社会を目指すという方向性とともに、企業にとって、その組織をより有効に生かし、利潤向上や目的達成に近づく戦略と考えることができる。

　筆者が障害者雇用の現場を取材した際にも、障害者雇用によって、社内の空気が良い方向に変化したという発言をたびたび耳にした。障害者社員が一生懸命業務を行っている姿を見て、健常者社員も挨拶や視線に活気が出てきた、一体感が醸成され、集中力が増した、健常者だけの職場であった時は阿吽の呼吸で動かしていたいろいろな動作をきちんと整理検証することでより効率的になった等の指摘である。これらは実感に基づく報告であったが、本項に挙げた先行研究によって、そうした報告と類似した現象が実証されたわけである。

（B）　インクルージョンによって偏見が軽減される

　社会がインクルーシブになると、精神障害者への偏見と差別が軽減され、それによって障害者自身の社会活動の可能性が拡大し、精神衛生にもプラスに働く。その結果、社会福祉費の軽減が可能になるという報告書[77]が、2014年オーストラリアの精神障害の専門組織クイーンズランド　アライアンス　（Queensland Alliance[78]）より発表された。同報告書（Queensland Allianc 2014：6）を要約すると、

　　精神障害によって発生するコストは、オーストラリアのGDPの3－4％に相当すると推計される。そのコストには、生産性におけるロス、社会福祉費、障害年金、機会喪失等が含まれる。
　　上記のロスを防ぐには、精神障害者への偏見をなくし、精神障害者が社会において活動できる環境を作りだすことが大切で、そのためには健常者と障害者の積極的な触れ合いが必要である。しかし、ただコンタクトすればよいということではない。社会には組織的全体的に形成され、長年根付いてきた障壁が存在する。その克服には、

国を挙げて方針・施策を転換し、差別を禁止し、権利を保護する仕組み作りが重要である。

として、ナショナルソーシャルインクルージョンプログラムの必要性を強調している。

　さらに同報告書（Queensland Alliance 2014：23）は、「雇用はインクルージョンにとって不可欠である」とし、「雇用の場からの排除はきわめて障害に悪影響を及ぼす」と述べている。

　国を挙げた長期的で多角的なソーシャルインクルージョンプログラムは、ニュージーランド、スコットランド、英国、アメリカ、カナダで既に実施されており、具体的な成果を収めている。それらの成果は、評価基準を設定した調査によって具体的に測定される。たとえば、スコットランドでは、報道機関の精神障害に対する報道姿勢が改善されたと55％の被調査者が回答している。ニュージーランドでは、前よりもより友人に受け入れられていると感じると、23％の被調査者が状況の改善を認めている。計量化しにくい問題であるが、少しずつ社会の偏見差別が軽減され、それによって精神障害者の自尊心が改善されているプロセスがみてとれる。

　上記は精神障害者の差別根絶をテーマとしたキャンペーンであるが、インクルージョンがどのように社会に機能するかを測る上で、有効な例と言える。今一度プロセスを確認すると

1）　社会から障害者が排除されている状態では、本人の生産性は低いもしくは無で、社会福祉費は増加する。
2）　社会が障害者を理解することで偏見が減れば、差別も減る。社会に包括されることで、本人は障害も含めて自己肯定ができるようになる。
3）　社会参加の場を得ることによって、本人の生産性は向上し、精神

衛生にもプラスに働く。

その結果、医療費を含めた社会福祉費が軽減される　という流れである。

このプロセスでは 2)がもっとも困難な部分で、同報告書が奨励している主なポイントを挙げる。

a）偏見的な態度行動を変えるためには、障害者と直接触れ合うことがもっとも重要である。
b）情報だけでは、人々の態度を変えることはできない。
c）シンプルで恒久的な国のビジョンを掲げる。
d）草の根の活動や地方の活動をサポートする。
e）国家レベルの戦略を立てる。立法、行政がシステマティックに協力する。
f）影響力のあるグループと協力する。
g）調査研究に基づいたアプローチをする。

こうしたポイントは、ナショナルソーシャルインクルージョンプログラムに取り入れられ、実施されている。筆者が同プログラムでもっとも特徴的であると考えるのは、その成果を計量的に測定しようとする努力である。計量化をしていく上で、今後も改良が続くであろうが、試行錯誤を経て、信頼性の高いシステムが構築されれば、大きな発展と言える。

以上、2-2-1(A)(B)で挙げた例は、インクルーシブな環境が適切に実現された成功例である。健常者は障害者の誠実な働きぶりを目の当たりにして、職場に人間的な温かみや多様な生き方を見出し、それが働き甲斐や離職率の低下に繋がった。障害者は、働く仲間として認められ受け入れられることで、自己肯定感が生まれ、自信をもって行動できるよう

になった。

こうした環境を作りだすことは簡単ではないが、実現されれば、社会にとって非常に得るものが大きく、インクルージョンの良い点と言える。

２－２－２　インクルージョン下の環境β：失敗例

しかしながら、前項のように、インクルージョン下で良い環境だけが生みだされるわけではない。健常者と障害者がともに触れ合いながら働くことで、かえって誤解と偏見が増大するケースも少なくないのである。

（C）　知的障害者に対するいじめの問題

知的障害者の生活を考える上で避けて通れないのが、いじめの問題である。いじめは、学校生活、職業生活等、知的障害者の生活全般に現れ、精神的な打撃を受けるケースが見られる。

中川昭一（2013：97-99）[79]は、職場におけるいじめの存在を指摘する。

　　……もうひとつは、学校を卒業して、仕事を経験してきた社員は、まわりの人たちから『いじめ』を受けていたと感じている社員がすべてと言っても過言ではありません。そのときの状況はよく分かりませんので、本当にいじめられたのかどうかは確かではありませんが、少なくとも、そのように感じている人が多いことは間違いありません。そこで、特例子会社では『ひとりの人間として必要だから働いてもらっている。しっかり仕事をして、まわりの人から認められるようになってほしい』とお願いをしてきました。少なくとも社員にとっては『いじめ』とは無縁の環境で仕事をするわけですから、それまでの環境との違いは肌で感じていると思います……

　　……いじめがゼロになるのは至難の業でしょうが、少なくする努力

を続ければ今より良くなるのは間違いありません。学校でもいじめによる自殺者の発生などにより、対策が盛んに言われるようになっていますが、インクルージョンを云々する前に、いじめ自体を無くすため、本気での対策が必要ではないかと考えています……

と、記している。こうしたいじめの背景には、障害に対する理解不足によって、ともに仕事をしていく仲間として受け入れられないという心理が働いている。

影山（2013b：155）にも同様の指摘があることは前述のとおりで、ここに当該箇所を再掲する。

> ……『接触多』は、障がい者のイメージを改善する可能性が高い。しかし、イメージ改善にいたっていない場合、障がい者は、無能な存在、経営上マイナスにしかならない存在、大変なだけの存在と認識されながら雇用される可能性がある。

実際、齟齬が訴訟に発展したケースも出ている。2015年4月現在、訴訟がおこされた直後のため確定的な状況ではないが、報道による原告側の説明では、健常者とともに働く環境下でパンの袋詰め作業等を担当していた知的障害のある男性が、健常者の上司から「幼稚園児以下」といった暴言を浴びせかけられる等不適切な対応を4年間にわたって受け、体調を崩して退職するに至ったとされる。会社側は、配置転換など状況を改善するための処置を講じなかったということである。今後、裁判によって、双方の言い分が開示されるであろうが、原告側の説明を読む限り、受け入れ側の準備不足による深刻な齟齬が存在していたと推測される。

第Ⅱ章で触れた知的障害者へのアンケート調査・仙台市（2011）によれば、質問「あなたは、どのような差別をされたり、いやな思いをしまし

たか」に対して、「周りの人たちが障害のことをよく分かっていない」、「外出時、周りからじろじろ見られたり、態度、言葉が気になった」（ともに57.2％）がもっとも多い。次いで「学校、職場でいじめられた」（35.1％）が挙げられている。この調査においても1/3以上の知的障害者がいじめを経験している（と感じている）。

合理的配慮がなされ、社員に障害者に対する理解が及んでいる、あるいは、及ぼそうと積極的な姿勢が会社にある場合は、インクルーシブな環境は、2-2-1で記した成功例のように、よい結果をもたらす。それに対し、ただ障害者を健常者の中に配置するだけで、適切な配慮がなければ、周りの健常者も障害者本人も困惑するような状況に陥る可能性がある。本来、こうした状況はインクルーシブとは言わないのであるが、インクルージョンを目指して失敗した状態である。

(D) 知的障害者の立場からインクルージョンの良さを実証した研究は非常に少ない

コミュニケーションが必ずしも円滑でない知的障害者の場合、各人の障害の状態、周囲の人々との相性、担当する業務の種類等、小さな条件の積み重ねによって、その労働環境にスムーズになじめるか否かの結果が異なってくる。信頼感を育てた職場の人々（ジョブコーチを含む）が、それぞれの具体的な状況に応じて、経験的にもっとも良いと思われる方法を選択し、知的障害者社員の進捗を見ながら、少しずつ調整かつ前進していく。軌道にのるまでは、試行錯誤と粘り強さが必要とされるプロセスである。今後に大きく影響するこの過程を大事に育むことができるかどうかが、知的障害者の活躍と定着を左右する。

一方、知的障害者にとって、障害のリハビリテーションという見地も含めて、どのような労働環境が最善であるかは、健常者側が健常者のスタンダードから推測している場合が多く、知的障害者の立場から実証した研究は非常に少ない。知的障害者自身の決定権を重要視し、本来当事

者である知的障害者の発言を根拠とした研究の進展は、今後の大きな課題である。この点に関しては、第Ⅴ章3において詳述する。

精神科医である高岡（2012）は、インタビュー「不登校・いじめと精神医療」[80]の中で次のように語っている。

> ……たとえば、インクルージョンというと、定型発達者の集団のなかに障害者をインクルージョンすると発想しがちですが、逆に、障害を持っている人たちが、持っていない人をインクルージョンしていくと考える。そういう発想が半分はないといけない。

と、障害者側からのインクルージョンの必要性を説いている。

とりわけ知的障害者の場合は、代理人を含む健常者の発想や観察が全体を覆っており、知的障害者自身の声を抽出することはあまり為されてこなかった。

本人の意思表示が明確とは言えない状況のもとでは、知的障害者が多様な働き方の選択肢をもつことは、健常者側からの決めつけを軽減するという意味でも、重要である。何かうまくいかない経験をした、自信を喪失し傷ついた知的障害者も、また他のタイプの職場・働き方で再挑戦ができるという、間口の広さが求められる。特例子会社における就労は、このニーズに応えるものであり、福祉的な職場か、一般企業か、という二者択一に近い状況に、新たな可能性・選択肢を付与するものである。

2－3　特例子会社の就労支援効果と仲間効果：健常者の中より落ち着ける

独立行政法人高齢・障害者・求職者雇用支援機構（2009：14）は、障害者側からみた特例子会社の良さを調査する上で、障害種別を限定せずに「障害者にとって特例子会社の良さはどのような点にあると考えているか」と質問している。その回答としては「同じようにハンディのある

社員同士が助け合いながらお互いに成長できる。健常者の中で作業を行うよりは、落ち着いて行うことができ、また、区別、差別を感じない」が60件（225件中）でもっとも多い。次に「配慮された職場環境のもとで仕事ができ、能力を十分発揮できる」が40件、「専門の支援スタッフによる、きめ細かな指導・援助を受けながら就労できる」が31件となっている。

　独立行政法人高齢・障害者・求職者雇用支援機構（2011：83-126）においては、特例子会社10社にヒアリングを行い、障害者側からみた特例子会社のメリット・デメリットについて調査している。その中で挙げられている具体的な内容を要約する。

- a）　知的障害者本人及び支援者からのヒアリングによれば、前職に比べて、残業がなく働きやすい。仕事を教える支援者の存在により仕事がやりやすく、相談もしやすい。(2011：99)
- b）　仲間と一緒に仕事ができることが良い（清掃担当社員からのコメント・障害種別記載なし）(2011：107)
- c）　知的障害者本人からのヒアリングは実施できなかったが、知的障害者の場合、職場の同僚（知的障害者）同士の結びつきや仲間意識が強く、それが働く意欲につながっている傾向がある。特例子会社では仲間意識を形成・共有しやすい点がメリットと考えられる(2011：117)

　上記調査結果をみると、特例子会社には「就労支援効果」と「仲間効果」があることが窺える。一般企業に就労できなかった人々、いったん就職したが職場環境になじめず離職した人々、就労は無理だと思っていた人々、こうした状況にある障害者が安心して働くことができる環境を創出するのが特例子会社の役割である。障害をもった仲間とともに、助け合いながら働く安心感がある職場とも言えよう。とりわけコミュニケーション等で苦労することが多い知的障害者にとって、その苦労を分かり

合える仲間の存在はより心強いと推測される。
　アメリカにおいても、知的障害者の労働の場の選択の自由と、仲間同士のつきあいの場としての機能を主張しているケースがある。以下 Protect Sheltered Workshops（保護雇用を護れ）[81] という運動を行っている Missouri Aid （Missouri Association for persons with Intellectual Disabilities）[82] の声明文の内容を要約引用する。

> 知的障害や発達障害のある人々は、働く場所、住む場所を選択する権利を有している。保護雇用は、一定の人々が働き、コミュニティの生産的な一員として存在するために必要不可欠な職場であると我々は考えている。
> いくつかの州においては、保護雇用を撤廃し、障害者を援助付の競争的雇用に就労させようとしている。それが可能な人々は既に保護雇用以外の仕事に就いており、今は保護雇用が必要な人々が残っている状態である。援助付雇用に就労しようとして失敗し、悲惨な結果を招いている例は数えきれない。
> 保護雇用は知的障害、発達障害をもつ人々に安全な環境を提供し、仲間同士のつきあいの場となり、達成感を得ることのできる場所でもある。……

　筆者は、上記団体の主張のなかで、選択の自由（権利）を主張している点と、保護雇用の中に仲間効果あることを示している点が特に重要であると考える。
　インクルーシブな雇用と保護的な雇用は、どちらも必要な雇用であり、障害者の就労における選択肢の多様化を示すものである。本章2-2-1で示したようなインクルージョンの良い効果が引き出される環境の実現を目指し、今後も力を注ぐべきであることは言うまでもない。と同時に、知的障害者のように、これまで障害者本人の希望や意思が本人自身の声

で語られてこなかった人々、あるいはリハビリテーションの見地から一般企業内で労働するストレスがどのように作用するかに関し、ごく少数の研究成果しか提示されていない状況にある場合、インクルージョンがその障害者自身にとって常にプラスであるとは限らない。この状況を踏まえると、労働の場の選択肢が多様であることは、より多くの人々の希望が叶えられる可能性を増すことである。特例子会社はその選択肢のひとつとして、保護的な環境を必要とする人々が安心して働ける場所を創出している。

　なお、特例子会社が重度を含む知的障害者を積極的に雇用し、その能力を開発活用している事実は、第Ⅲ章において詳らかにした。

第Ⅴ章
特例子会社の発展形態

1　特例子会社の採算 ……………………… 147
2　保護雇用の必要性軽減後の新しい役割 ………… 158
3　知的障害者自身の声を掬い上げる
　　システムの構築 ……………………… 161

本研究において提起された、特例子会社制度は、最低賃金以上を保障し、知的障害者が安心して働くことのできる雇用を積極的に創出する構造的支援システムであるという仮説は、第Ⅲ章までの検証により実証され、「大会社のみ運用が可能な制度である」「本来的な雇用を推進すべきである」といった意見に対しても、それらの批判が当たらないことを第Ⅳ章で証した。
　しかし、知的障害者雇用および特例子会社制度に関する課題は、まだ多く存在していることは、先行研究の分析および本研究が実施した調査の結果においても示されている。
　以下、今後の課題・展望を、大きく3テーマに分けて論ずる。
　まず1点目は、特例子会社が企業として今後継続的、安定的であるためにはどのようなビジネスプランが必要であるかという点である。現時点においては、障害者雇用に特化した企業として障害者が働きやすい環境を実現し雇用を推進するというミッションを遂行するとともに、その業務の大部分を親会社（グループ会社）から受注しているケースが多い。この状況を今後特例子会社はどのように捉えていくのか、市場経済とのつながりという点も含めて、考えていくべき課題である。
　2点目は、特例子会社が知的障害者雇用を積極的に推し進めることにより、親会社・グループ会社・取引先・顧客を含め社会全体に生じる変化に関してである。特例子会社は、知的障害者が民間企業で働くことはごく通常のことであると認識する機会を提供してきた。社会から福祉の対象と考えられてきた知的障害者が、実際は企業における戦力として活躍しているという事実に着目すれば、今後知的障害者を雇用する企業の幅も広がるものと推測される。結果として、保護雇用の必要性が低減する可能性も考えられる。もしそうした現象が起これば、特例子会社は自らの成功をもって、自らの保護雇用の役割を終えることになるかもしれない。そうなれば、また新しいミッションが特例子会社に期待されることになる。特例子会社はどのように変貌していくのであろうか。

3点目は、知的障害者側からの声、つまり要望や意見を尊重するために、特例子会社に何ができるかである。現在、知的障害者雇用における合理的配慮や職場の在り方は、ほとんどが健常者が知的障害者の立場を洞察し推測することによって成り立っている。知的障害者自身の意見や見地は、はっきりとは分からないままの状態にある。多くの知的障害者との交流の経験を持つ特例子会社の中から、知的障害者の発言を掬い上げるシステムを作りだすことはできないであろうか。

　以上現在の課題から中長期にわたる課題3点について、検討する。

1　特例子会社の採算

　まず、現在の課題である特例子会社の採算について考えてみたい。特例子会社は障害者雇用を最大のミッションとした営利企業である。従って、障害者雇用を進めるとともに、企業としての採算も意識する必要がある。ここが、公的な助成金等で運営されている福祉的事業所と大きく異なる点である。特例子会社の経営状況について調査した先行研究は、いずれも採算をとるために苦労している状況が描かれている。

　特定非営利活動法人NPO人材開発機構[83]（2011：45）によれば、

> 特例子会社は24％が赤字と回答した。また親会社の支援がないと経営が成り立たないと回答している事業所が74％であったことから、黒字や収支均衡と回答した企業も、多くは親会社からの支援によって事業を成り立たせていることが分かる。民間企業とはいえ、単独の事業所として収益性を評価するならば、多くは脆弱なものであると考えられる。

と分析している。これは同調査が特例子会社262社に質問紙を郵送し、

104社から回答を得たものを分析した結果である。

さらに独立行政法人高齢・障害者・求職者雇用支援機構（2011：41）によれば、特例子会社の売上高に占める親会社からの受注比率（金額ベース）が100％という特例子会社は35.6％、90％以上では68.6％、75％以上では79.4％となっていることは、第Ⅰ章4-3においても述べたとおりである。

以上のような親会社への高い依存率は、特例子会社の成り立ちを考えれば当然でもある。本来、親会社あるいはグループ会社内で雇用すべき障害者を、より障害者が働きやすく、また企業側にとっても雇用がしやすい特例子会社という別の場を設けて、そこにおいて集中的に雇用するとしたわけであるから、親会社あるいはグループ会社内で障害者が担当することのできる業務を切り出し、それを特例子会社に発注するのは自然な成り行きである。しかし、別会社として独立した存在である以上、特例子会社は、親会社の一部門である状態とは大きく異なる立場にあることも事実である。親会社の業績に左右される可能性、請け負っている業務に関し他の外部業者との競合になる可能性等は考えられるリスクであり、直接特例子会社の採算に影響する。

親会社・グループ会社という安定したクライアントを大切にしつつ、第三者との取引も存在するということが、特例子会社の企業としての力を伸ばし、安定性を確保するためにも必要である。特例子会社は障害者雇用という第一の使命を果たしつつ、どのようにしてその採算を安定させることができるのであろうか。また、市場経済と特例子会社とはどのようにつながっていくのであろうか。以下、今後の可能性について検討する。

1-1 市場経済とのつながり

特例子会社は市場経済の内側に存在する営利企業であるが、その本質は障害者雇用を目的とした社会的な存在でもあることは前述した。従って、営利企業である以上、他の一般企業と同じく、その生産物あるいは

サービスを市場に出し、市場競争を経て利潤を上げるというメカニズムに則っていることは間違いない。ただそれに加えて、もう1点、特例子会社のもつ社会性を、市場はどう評価するのかという課題がある。

　福祉的な事業所の多くが、市場において売れる商品を作りだすことに失敗してきた。精魂込めて作られた、例えば鍋つかみやティッシュケースは、その事業所で働く人々に、最低賃金以上を分配するには遥かに及ばない金額しか売り上げることができない。その結果、月額1万4,000円の工賃という非常に低い収入に陥っている。

　一方、特例子会社は、主として親会社・グループ会社からの発注により企業としての採算を立て、労働法規に則って障害者社員に最低賃金以上の支払いを維持してきた。福祉的な事業所との違いは、親会社・グループ会社からの仕事を安定的に受注することができた点が大きい。また、たとえばパンの製造販売等にしても、親会社という好意的なマーケットをすでに獲得している。お昼どきに、社内をワゴンを押しながら、パン等を販売する特例子会社の社員は、親会社と特例子会社との有効な交流ルートともなってきた。もちろん、特例子会社側もそれらの仕事を正確に、またクオリティを高め、納期厳守で実施するために、たいへんな努力・工夫をして今日に至っている。営利を前提に仕事をしている以上、特例子会社だからといって評価が緩くなるということはない。仮にごく初期の段階でそうした寛容さがあったとしても、それに甘えていては長続きしないことは、特例子会社の社員が一番よく知っているのである。

　こうした特例子会社を囲む親会社・グループ会社のバックアップは、好意的な市場として非常に大きいものがあるが、それが特例子会社の全売上を占めるという状況は、安定性という点でリスクがあることは前段で指摘したとおりである。では、特例子会社は、一般消費者に選択購入されるような商品開発を行い、広く市場にその価値を問うべきなのだろうか。しかし、特例子会社の本来の目的である、労働市場において弱い立場に立つ障害者に保護的な職場を創出するという点を、最優先するこ

とは守らなければならない。そもそも、保護雇用という考え方自体、本来の労働市場に馴染まない人々に雇用機会を創出することを目的としているものであるため、市場経済とのリンクをどのように行っていくかは、慎重に取り組むべき問題である。

特例子会社が、保護的な職場を必要としている障害者の中でもさらに弱い立場に立つ人々を雇用しつつ、市場で価値をもつ商品やサービスを作りだすことは、第Ⅲ章4-2で取り上げたような成功企業があることから大いに可能性があることは実証されているが、決して容易なことではない。その容易でないプロジェクトを成功させている例として、海外に目を向ければ、労働市場において弱い立場にある人々を30％以上雇用し、最低賃金以上を支払いながら、広く市場において収益を得るという課題に挑戦し、商取引による利益が全収入の50％を超えるという状態を維持しているEUのソーシャルファームがある。その組織構成は日本の特例子会社にかなり近く、有力な前例と考えられる。

以下ソーシャルファームについて分析し、特例子会社の経営的安定に繋がる要素を探求する。

1-2　EUのソーシャルファーム

EUのソーシャルファームとは、障害保健福祉研究情報システム[84]によれば、

> ソーシャル・ファーム※は1970年頃に北イタリアの精神病院で始まった。入院治療が必要でなくなった者が地域に住み仕事に就こうとしたが、偏見差別意識から雇用する企業が現れなかったため、病院職員と患者が一緒になって仕事をする企業を自ら作っていったのが、はじまりである。この手法は、1980年代に、ドイツ、オランダ、フィンランド、イギリスなど、ヨーロッパ各地に広がった。
>
> ※　イタリアではソーシャル・コーポラティブ（社会的協同組合）

という起源をもつ組織である。

ソーシャルファームの定義について、ソーシャルファームヨーロッパ連合のHP[85]から翻訳して引用する。

定義
1) ソーシャルファームは、障害者や労働市場において不利な立場にいる人々の雇用のために作られたビジネスである。
2) ソーシャルファームは、その社会的使命を果たすために、市場志向の商品やサービスをビジネスとして取り扱う： ソーシャルファームの収入の過半が商取引により得られたものである。
3) 従業員の30％以上が、障害者か労働市場において不利な立場に立つ人々である。
4) すべての従業員は、その生産性の如何にかかわらず、市場適正賃金あるいはその仕事に見合った適正な給料を得る。
5) 不利な立場にいる従業員とそうでない従業員とは、労働機会において平等である。すべての従業員は、雇用における同等の権利と義務を有する。

以上の定義によれば、ソーシャルファームは従業員の30％以上の人数の障害者あるいは労働市場の弱者を雇用し、全員に日本で言えば最低賃金相当以上を支払い、かつその収入の過半（50％を超える）を、自らの商取引で得ることと規定されている。この条件下で、ソーシャルファームはEU各国において、社会に根を張り始めている。もし、その力の根源を分かち合うことができたなら、日本の特例子会社においても大いなるヒントになると考えられる。以下、その実例を確認してみよう。

(A) ドイツの場合
「EUにおけるソーシャル・ファームの現状とその発展」(2008)[86]おい

て、ソーシャルファームのコンサルティングを専門的に行っているドイツのFAF gGmbH協会[87]所長ペーター・シュタードラー氏が講演した内容から以下要約引用する。非常に具体的な内容で、そのビジネス戦略の特色を理解することができる、

　……ソーシャルファームの成功をいくつか紹介する。
　例1）　ドイツ最大手の自動車会社フォルクスワーゲン社における事例を紹介する。ここは非常に広い敷地の中に工場やホールがあるため、職員は移動手段として自転車を使っている。歩くのでは時間がかかりすぎるためである。その自転車の修理は、もともとフォルクスワーゲンの中にある消防隊員が行っていた。しかし彼らは他の仕事があって、なかなかそこまで手が回らないという状況が発生し、外部委託をすることになった。そこで競争入札が実施されソーシャルファームが落札することができた。1万ある自転車の修理をどこに任せるかと考えたとき、我々FAFは、ソーシャル・ファームを手伝って競争入札で落札できるように努力し成功した。
　例2）　CAPと呼ばれるスーパーマーケットのチェーンは、ドイツのソーシャルファームが経営している。ドイツの小都市では町の中央にあったスーパーが収益悪化により閉店する傾向がある。結果、大規模スーパーが郊外に大きなスーパーを開店することになるのだが、高齢者等の場合、車を運転しない人が多く、買い物ができなくなっていた。そこでソーシャルファームが一定の助成金を受けながら、小型スーパーを町の中心で再び営業し、営利企業とは異なる身軽さから成功している。もちろん、すべてがうまくいくわけではないので、コンサルティング会社がマーケティング、立地の判断等サポートする。
　例3）　後継ぎが現れず廃業を考えている小企業のオーナーシップ

をソーシャルファームが買い取るということも行っている。既存の顧客がついているので、新規から立ち上げるのに比べて、非常に効率がよい。

　これらの成功例で注目すべきは、競争入札の機会を捉え、ソーシャルファームに最適な仕事であると判断し、落札できるようにサポートしたり、マーケティング・立地の判断を具体的にサポートする等、豊富な情報と経験をもつビジネスサポートのプロフェッショナル組織が、活躍している点である。経営の素人であるソーシャルファームがすべて自分で判断するのではなく、適切なアドバイスをプロから受けることで、成功率の高い運営を可能にしている。

（B）　イギリスの場合

　次にイギリスの状況を見てみよう。独立行政法人高齢・障害・求職者雇用支援機構（2012：167）は、イギリスのソーシャルファームの状況を以下のように描写している。

> ……ソーシャルファームは、障害者を受け入れ、その障害に応じた対応をしているという点では保護雇用としての機能も含まれ、他方、利益を得るための企業努力が求められている。従って、保護雇用と一般就労の間で、やや一般就労よりの位置にあるといえるが、その目的が社会的に認知され、さらに行政レベルや市民レベルの協力が必要であることは確かだろう。

　上記の内容は、日本における特例子会社に近似する部分が多い。「その目的が社会的に認知され、さらに行政レベルや市民レベルの協力が必要であることは確かだろう」という指摘は、特例子会社においても注目すべき点である。

さらに独立行政法人高齢・障害・求職者雇用支援機構（2012：169、172-173）によれば、イギリスにおけるソーシャルファームは、1997年に5社であったが、2010年現在その数は181社に増えている。1999年に設立されたソーシャルファームズUKが中心となって、ソーシャルファームをネットワーク化し、全国規模で政策・戦略を展開している点が注目される。基準に未達のファームには、起業ガイド、ビジネスプランガイド等アドバイスを行っている点が、企業体としてのサステナビリティに有効に働いていると考えられる。イギリスにおいてもドイツと同じく、ソーシャルファームを経営する上での、ビジネスコンサルティングが行われており、ソーシャルファーム隆盛の大きな力となっている。

（C）　イタリアの場合

　イタリアにおけるソーシャル・ファームとは、法律的に認められた社会的協同組合ソーシャル・コーポラティブを意味し、タイプAとタイプBがある。タイプBが、ここまで論じてきたEUのソーシャルファームに相当する協同組合で、労働市場において不利な立場にある人々のための雇用の創出を主に行っている。

　岡安（2011）[88]によるイタリア全国統計局の統計情報（2005）を引用すると[89]、

> 労働統合のB型は2,400余組合が存在し、報酬を受ける労働者の55％、3万余人が社会的に不利な立場の人々となっている。当然、1991年第381号法律で定められた下限（30％）を上回っている。

> ……B型で働く社会的に不利な立場の個々人のタイプを見ると、身体・精神・感覚障がい者（46.3％）、薬物依存者（16.0％）、精神病患者（15％）が多く、次いで受刑者・元受刑者（8.7％）が多い。

ということである。ソーシャル・コーポラティブにおいても障害者の割合が高いが、日本の特例子会社と異なる点は、薬物依存者や受刑者等が比較的高い比率で含まれていることである。

また、Maranzana（2007）[90]によれば、イタリアではソーシャルサービス地域コンソーシアムと呼ばれる地域ネットワークが構築され、そのなかに社会的協同組合が複数包括されている。Maranzana氏が所属する、タイプB社会的協同組合ヴィッラ・ペルラ・セルヴィスは、1994年にイタリアのジェノバで設立され、従業員（組合員）220名中、社会的に不利な立場にある人々が83名、総売上高は500万ユーロという組織であるが、C. R. E. S. S.（ソーシャルサービス地域コンソーシアム）に属している。そのコンソーシアムには、9つのタイプA社会的協同組合、2つのタイプB社会的協同組合が会員として加盟し、総勢、従業員2,000名、総売上高3,000万ユーロとなっている。

コンソーシアムは、ドイツ・イギリスのコンサルティング組織の役割に近いものを担っており、地方自治体と協力し、新しい仕事を発見する機能を果たしている。

(D) ソーシャルファーム成功の鍵

以上、ソーシャルファームを円滑に経営するためには、商圏の情報を把握した専門的なコンサルティングやネットワークが重要であることが分かった。また、国際セミナー報告書「インクルーシブな障害者雇用の現在－ソーシャル・ファームの新しい流れ」において、前国際移住機関経済開発局プログラムマネージャーのゲーロルド・シュワルツ氏[91]は、ソーシャルファームの成功・不成功を分けるカギは、立ち上げの状況にある。大規模な包括組織によって設立されたソーシャルファームは軌道にのりやすいと述べている。

以下、ポイントを引用する。

理解しなければいけない大事な点としては、4,000 ものソーシャル・ファームが完全に独立した事業として立ち上げられたということではないのです。誰かが自分の敷地で空いているところで、スペースがあるからやろうと勝手に一人でやったということではないわけです。ほとんどのソーシャル・ファームというのは大規模な包括組織による設立という形をとっています。(略) ほとんどの場合は NPO として障害者や就労に困難な人たちを支援するような組織がまずあるわけです。例えばベルリンで 1978 年にできた NGO がありまして、障害者に対して住宅の支援や職業訓練を行い、そしてその後、その人たちの雇用を探さなければいけなかったのですが見つかりませんでした。そこで思いついたのは、我々が職場を作ろう、自分たちで会社を作ってこの人たちに働いてもらおうということになりました。そういう包括組織がまずあって、そのもとでソーシャル・ファームが作られるようになりました。

これが大事なポイントだと思います。ソーシャル・ファームの立ち上げの背景は重要で、正しい仕組みをまず持っておくことが必要です。

その後、独立した事業にしていくことが大事な点です。常に包括組織の傘のもとに置いておくのではなく、いずれかの段階で独立しなければならないのです。

立ち上げの段階で大きなサポートを背後に持っているという点では、日本の特例子会社はその条件を満たしている。ここで課題となるのは、最後の 3 行「その後、独立した事業にしていくことが大事な点です。常に包括組織の傘のもとに置いておくのではなく、いずれかの段階で独立しなければならないのです」という部分である。バックアップを受けながら、自力で立てるところまで、能力を開発する必要性を指摘しているのだが、それには前述の専門家によるビジネスコンサルティングと商圏

情報を把握できるネットワークが不可欠であろう。

　特例子会社は法的な規定により、「親会社が、当該子会社の意思決定機関（株主総会等）を支配していること。（具体的には、子会社の議決権の過半数を有すること等）」は要件のひとつとなっている。したがって、親会社（グループ会社）とともに、それぞれの特例子会社にフィットしたビジネスを、第三者のコンサルティングを受けながら、模索していく必要性がある。

1－3　ビジネスコンサルティングの必要性

　ソーシャルファームの成功は、ソーシャルビジネスに精通したビジネスコンサルティングのアドバイスによる部分が大きい。ビジネスコンサルタントにより、今どこにそのソーシャルファームに適した業務の入札やビジネスオファーが存在しているのか、落札するためのノウハウ等を知ることができる。また、よりソーシャルビジネスにプラスになる社会的基盤を確立するために、ロビー活動を行う場合もある。EUでは、ソーシャルファームのビジネスコンサルティングにかかる費用の一部を、公的支援によって支えるケースもみられる。

　我が国の特例子会社は、親会社をもつ民間企業であるが、その業務内容およびクライアントを多様化するためには、ソーシャルファームのように第三者のコンサルティングを受けることも必要であろう。そして、特例子会社の社会的な側面を支持するために、コンサルティング料等を公的資金で支援することは公的資金の有効な使途と考えられる。日本の特例子会社の場合は、親会社（グループ会社）とともに、特例子会社の職域拡大・クライアントの獲得について、コンサルタントと協力しあいながら、開拓していくことになろう。

　また、特例子会社同士を結ぶネットワークの構築、社会的な企業による市場の形成も長期的には視野に入れるべきテーマである。現在は、それぞれ独立した企業である特例子会社であるが、社会的ミッションを担

う企業として、他の同様の使命をもった事業体と協働し、社会的企業としての付加価値を社会にアピールするすることも視野に入れる必要がある。

2　保護雇用の必要性軽減後の新しい役割

　特例子会社において知的障害者が戦力として働いている様子を確認することで、親会社やグループ会社は、どのような配慮が必要なのか、どのような仕事の割り振りが適切なのかを実地で学ぶことができる。そうした経験を経て、それぞれの社内において、知的障害者雇用が可能であるという判断に至ることも考えられると前述した。もし、親会社でも十分な配慮が可能であるとなれば、就職を考える際、親会社へ応募する知的障害者もあるであろうし、特例子会社を希望する場合もあるだろう。選択肢が広がることは、応募する側には大きなメリットである。
　親会社が知的障害者の雇用を開始する場合は、特例子会社は蓄積されたノウハウを生かして次のような新しいミッションを担うことになろう。

2－1　障害者雇用のアドバイザー
　前述のような親会社・グループ会社の障害者雇用における変化が起こる前に、まず特例子会社と親会社（グループ会社）との間の人事的交流が盛んになるというプロセスを経るものと思われる。つまり、親会社が知的障害者雇用を開始する、あるいは、より積極的に多数を雇用するという現象が起こる前に、特例子会社に在籍する知的障害者社員の移籍や人事交流を行う可能性が高い。このような交流が可能であることは、一般雇用の機会をグループ内にもつ特例子会社制度のメリットのひとつである。

職業安定局障害者雇用対策課（2010：2）は、

> 授産施設や小規模作業所等福祉施設等を利用している障害者のうち約4割が一般雇用を希望しているといわれるが、実際に一般雇用に移行する者の割合は約1％と極めて少ない状況である。

と、福祉的雇用から一般雇用への移行のむずかしさを指摘しており、さらに問題点として、福祉施設等における一般雇用に関する理解の不足、適切な就労支援ノウハウの不足を挙げている。特例子会社においても、業務遂行能力に自信をつけた障害者社員の中から、親会社・グループ企業への移行を希望する人々も出てくるだろう。

移行システムを有効なものとするためには、

1) 特例子会社と親会社（グループ会社）が十分に相談して、移行後のポジション・待遇等アウトラインを決定する
2) トライアル期間を設定し、試行プログラムを作成する
3) 加齢や体調変化等により、特例子会社に戻ることを希望した場合はそれが可能なシステムであること
4) 移行システムおよび試行プログラムの内容をオープンにし、障害者社員（保護者を含む）に説明し理解を得ること

等が考えられる。

現在、親会社の健常者社員が共生社会の一員であることを体得するために、特例子会社において一定期間研修するケースがみられる。それと同じく、特例子会社の障害者社員が親会社の適切なポジションに一定期間配置されるという研修を実施すれば、お互いに有意義な経験となる可能性がある。また、前述の条件 2)に該当する試行プログラムとしても活用できる。

こうした交流を経て、親会社等での知的障害者直接雇用が増加した場合は、特例子会社は、グループ内の障害者雇用専門企業として、コンサルティング業務に重点が移ることも考えられる。
　なかには特例子会社の経験を生かして、すでにコンサルティング事業を本業とするケースも出てきている。知的障害者や精神障害者が接客を中心とする業務に就く場合、どのようなトレーニングを行ったらよいのか、どのような配慮が必要なのかは、本研究の質問紙調査においても様々な工夫が寄せられた点であり、むずかしいポイントでもある。こうした多くの人々が悩むポイントに関し、実務で培われたノウハウを、企業や個人にコンサルティングやセミナーを通してアドバイスすることは、非常に有意義と考えられる、
　本研究第Ⅰ章4においてコンサルティング的な支援の重要性について述べたが、特例子会社における経験の積み重ねが上記のような形で生かされることは、特例子会社が担う社会的な役割として期待されるところである。

2－2　EUソーシャルファーム型：協働の場

　本研究の質問紙調査（第Ⅲ章1－10）「労働市場における他の弱者との協働」において述べたように、まだ少数ではあるが、特例子会社が高齢者を雇用し、障害者との協働を図り、成功している例がみられた。また、女性社員の活用や自社グループの定年後再雇用者の就労先として、特例子会社が有力視されてくる可能性もある。

a）　障害の有無に関わらず、働く意思と能力を有する人々にその機会を提供できるよう努力していきたい
b）　高齢者との協働は重要なものとなる
c）　定年後再雇用者を指導員として育成しており、今後70歳位までの雇用を考えている

d）女性・高齢者を積極採用する
e）高齢者と障害者のマッチングは非常に良い

といった前向きな回答も寄せられ、協働の場としての発展のきざしが見られる。

　企業の法定雇用率達成を第一義的目的として設立された特例子会社であるが、障害者雇用への認識が深まるにつれて、親会社（グループ会社）が直接知的障害者を雇用するケースが増加すれば、それを受けて、特例子会社はEUのソーシャルファームのような労働市場における弱者のコラボレーションの拠り所となる可能性もある。障害者、高齢者、長い期間失業してきた人々、シングルペアレント、介護のために労働できる時間帯が限られている人々等対象を拡大し、新しい雇用創出を目指すことは中長期の課題であるが、念頭におくべきテーマである。

　もちろん、保護雇用を必要とする障害者は今後も一定数存在するであろうから、特例子会社のすべてがこうしたトレンドに進むということではない。しかし現在ある約400の特例子会社および今後設立されるであろう特例子会社の中から、何社かが新しい道を歩みだす可能性も十分考えられる。

3　知的障害者自身の声を掬い上げるシステムの構築

　他の障害種別の人々と異なり、知的障害者は本人の意思の表出や他者とのコミュニケーションが円滑でないケースも多く、自身の声がなかなか表面に出て来ない。したがって、推測によって判断される傾向があり、第Ⅳ章2-2-2で論じたように、理解されないことによる齟齬が相当に存在している。本節では、数少ない知的障害者側から実証されたストレスについての学術研究および障害者雇用に長年携わってきた経験から蓄

積されたノウハウについての先行研究を紹介し、そこから今後のシステム構築に繋がる要素を考察する。さらに知的障害者の一人として自らの考えを発表し続けたカナダの Pat Worth 氏の活動に触れ、今後、知的障害者の当事者性を高めるために特例子会社が担うことができる役割について検証する。

3－1　否定的な対人関係にストレスを感じる

　Bramston & Cummins (1999) は、軽度・中度の知的障害者グループと障害のない大学生のグループの双方に、一定のストレス因子を与え、その結果を分析した結果を発表した。それによると、ストレッサー全31種のうち、知的障害者は平均8.57種、大学生は平均12.02種に反応し、反応の程度は知的障害者のグループの方が強かった。また、知的障害者グループは否定的な人間関係にストレスを感じやすく、大学生はより全体的な心配事にストレスを感じる傾向があった。

　両グループともに、殴られる、いじめられる、友人や身内の死に遭遇する、言い合いや揉め事の発生にストレスを感じるという点では、共通している。しかし、両者が異なる反応を示した点もある。知的障害のある人々のグループは、言い合い、からかい、中断される等、否定的な対人関係に強くストレスを感じている。それに対し、大学生のグループは、仕事が捗らない、仕事が見つからない、中断される、期待していたものが手に入らないといった際にもっともストレスを感じていた。Bramston & Cummins (1999) は、この差異が生じる原因として、それぞれのライフスタイルの違いを挙げている。学生たちは競争的な社会の中で生活しているのに対し、知的障害者は日常、一定の決まった人々との生活が中心になっている。その違いが反映されているのではないか、という指摘である。

　さらに、知的障害者にとって、知的障害そのものがストレスとなっていることが、これまでの研究で明らかになっていると Bramston &

Cummins（1999）は指摘する。他人から知的障害者であると思われること自体が、ストレスということである。じろじろ見られる、避けられる等への困惑のほかに、知的障害者に対する期待値が低いこともその一部を成している。

Bramston & Cummins（1999）の研究は、知的障害者がどのような時にもっともストレスを感じるかを示した点で、意義がある。

3－2　離職のサイン

知的障害者が就労後、職場にうまくなじめず、退職を余儀なくされるケースにおいては、離職に至る前に何らかの形でその兆候は現れており、早い段階で意思の疎通が図れていれば、回避できることも多い。第Ⅲ章4に記したとおり、独立行政法人高齢・障害者・求職者雇用支援機構（2009：15）によれば、特例子会社側が障害者の職場定着のための配慮・工夫として、

a）　社長によるヒアリングを実施し、直接障害者の悩みを聞く。職場会議にも障害者代表を輪番で参加させる
b）　相談しやすい環境をつくり、早期に対処している
c）　知的障害者に対して、定期的にジョブコーチ会議を開き、社員一人ひとりの問題点を共有し対策を考える

等、特例子会社が障害者社員と定期的に懇談の場を持ち、また問題があればいつでも相談できる体制作りに尽力している現状が紹介されている。問題を早期に把握し対処することがいかに重要かが、よく分かる回答である。

障害者雇用システム研究会（1997）は、障害者雇用管理マニュアル第2章「働きやすい職場に向けて」において、離職危機への対応に関し詳細を記載している。以下その内容を要約する。

まず、知的障害者が会社に通えなくなる理由として、
1) 知的障害者は遠慮からだけでなく、自分の不満不安を細かく表現する能力や経験が不足しているため、そのストレスを言葉でなく行動で表す傾向がある。たび重なる遅刻、無断欠勤等がそのサインであることも多く、単に遅刻・無断欠勤への指導だけでなく、その奥にある原因を明らかにする必要がある。
2) 社内の問題としては、先輩・同僚から馬鹿にされた、いじめられた、無視された、また仕事がむずかしい、できない、飽きた、給料が少ない等。
3) 社外の問題としては、家庭環境、私生活でのトラブル、体調の不調等。

その対策としては、
4) 社内の問題の場合は、本人の言い分を聞く、会社の事情をわかりやすく説明する、人間関係を調整する、配置転換を行う等が挙げられている。
5) 社外の問題である場合も少なくない。社外の問題の場合は、会社だけでは解決できないため、福祉事務所、就労援助センター等地域のネットワーク・専門機関を活用する。
6) 専門機関の援助者が、本人・家族をサポートするプロセスを経て、本人・家族が結論を出すのを会社は最善の努力をして待つ。会社側から離職を強いることは避ける。

以上の項目は、職場における日頃の話し合いの大切さと、問題をできるだけ早く発見し対処することの重要性を示している。また、Bramston & Cummins (1999) においても、障害者雇用システム研究会 (1997) においても、馬鹿にされる、いじめられる、無視されるといった対応に、知的障害者が非常に傷ついていることが読み取れる。職場を含む日々の暮ら

しにおいて、知的障害者のプライドを大切にする配慮がきわめて重要であることが実証された。

3-3 脱レッテルの場として

次に、知的障害者自身の声を聞こう。Patrick Worth (1955-2004) は自身、知的障害者であったが、30歳を過ぎてから文字の読み書きを習得し、People First[92]というグループの創立に尽力した。講演や執筆を通して、積極的に知的障害者の権利を守るための活動を展開したことで知られる。彼は自分の半生について次のように語っている[95]。

（以下部分抜粋要約）

> ……私はいつも自分が、両親の重荷になっていると感じていたが、なぜ遠くの特別な学校に通わなくてはならないのかは理解できなかった。
> ……ある日、先生に読み書きを教えてくださいとお願いしたが、それは無理だという答えが返ってくるばかりであった。とうとう私が「それは私に学ぶ力がないからですか、それとも先生に教える力がないから？」と問うと、私は隅に追いやられた。学ぶ権利を主張しただけなのに、なんでこんな恥をかかされるのか。結局、その学校では読み書きを教えてもらえなかった。
> ……私は地域に友達がひとりもいなかった。ストリートホッケーをやっている近所の子たちから誘われたこともない。誰に腹を立てたらいいのだろう。誘ってくれない子たち？　それとも、私がちょっとみんなと違うということをその子たちに教えた両親に対してか？
> ……私は、発達の遅れた子というレッテルを貼られてきた。そのレッテルは大人になってからも続く。……私は、何も自分では決められない人間、人々といっしょに暮らしたり、働いたりできない人間と決めつけられた。

……私は30歳を過ぎてから、一般成人学校の識字クラスに参加し、読み書きができるようになった。どうして子供の頃に、読み書きを習うことができなかったのだろうか。もしその頃に習得していれば、また違った人生であったろうに。
　……今日、私はレッテルを貼られた人々の代弁者である。私を信頼してくれる人々のサポートを受けて、自分でビジネスを行っており、カナダや他の国々を旅して、障害者の権利について語っている……

　Pat Worthほど、明確に自身の感情を伝達した例はまだ少ないが、彼とそのグループPeople Firstの活動は世界中に広がりつつあり、日本にも支部がある。知的障害者の当事者としての自己決定権を尊重し、知的障害者のもつ力を信頼しようという運動で、セルフアドヴォカシー（self-advocacy）と呼ばれ、本研究によって取り上げたBramston & Cummins（1999）および障害者雇用システム研究会（1997）の指摘と相通ずるところがある。
　では、3−1、3−2で浮き彫りにされた知的障害者側の感じ方・受け取り方を尊重し、セルフアドヴォカシーに配慮するために、特例子会社ができることは何であろうか。もっとも大切なことは、幼少時よりずっと貼られてきた「能力の低い人」というレッテルを、特例子会社では取り除く、つまり「脱レッテルの場」にするということである。知的障害者は一人の社員であり、会社の戦力であって、「能力の低い人」ではないという事実が、特例子会社を、脱レッテルの場たらしめる。
　そのためには、知的障害者の能力を生かす職場作りが不可欠である。第Ⅲ章では筆者が見学・ヒアリングさせていただいた3社を取り上げたが、ひとつひとつ本当に細かい配慮の積み重ねが今日の成功を支えていることが分かる。取材日以降も改善は続いているであろうから、今現在はもっと新しい工夫に囲まれているのかもしれない。

業務を行っていく上での具体的な不都合、仕事量やスピードの問題、人間関係や健康上の問題等、これらの問題が発生し次第、オープンにして、早期に提起、早期に対処を心掛けることが、職場の雰囲気、成果に多大な影響力をもつことが、ヒアリングおよび質問紙調査を通して判明した。また、職場の一員として、困っていることを発表し、その解決策を検討することで、お互いに働く場のメンバーとしての実感が養われ、敬意も生ずる。第Ⅳ章で挙げたインクルージョンの失敗例においても、解決策について職場全体で話し合う風土があれば、未然に防げたあるいは状況の改善が図れたであろうと推測される。逆に言えば、風通しのよい風土は、意識して努めなければ得られないということである。

終　章

1　知的障害者の労働収入の向上：
　　最低賃金以上の確保 ………………………… 170
2　知的障害者の積極雇用 ……………………… 171
3　知的障害者が福祉的事業所に求める
　　安心感の具現 ………………………………… 172
4　特例子会社への批判について ……………… 173
5　今後の課題 …………………………………… 175
6　まとめとして ………………………………… 177

「終章」においては、「序章」にて提起した研究課題に照らし、本論文の結論および今後の課題について総括的に提示する。

1　知的障害者の労働収入の向上：最低賃金以上の確保

　障害者自立支援法の流れをくむ障害者総合支援法の下、知的障害者も就労することが強く奨励される今日、福祉的予算は不足し、知的障害者を支えてきた障害年金の将来も不安定であると同時に、同じく知的障害者を支えてきた家族の収入も不安定な要素を多く含むように変化してきた。これまで、収入は非常に低いながらも働きやすい作業所や授産所等に就労してきた知的障害者も、生活保障として最低賃金以上の収入が得られる職場が必要となったのである。しかしながら、知的障害者は先に雇用が義務化された身体障害者と異なり、最低賃金が適用されない福祉的事業所への就労が中心で、企業就労の割合は低い状況に留まってきた。その背景には、知的障害者の業務遂行能力が多くの企業において未知であったこと、また、必ずしもコミュニケーションが円滑でない場合があること、周囲に障害が理解されないことで知的障害者自身あるいは保護者も含め企業就労を敬遠する傾向があったこと等が挙げられる。

　本研究の課題のひとつは、上記の状況の中で、知的障害者の平均労働収入が非常に低く、自立生活を送るには全く不足であるという現状を、特例子会社制度を活用することで改善できるのではないかという仮説の検証にあった。第Ⅱ章2-1-1-aにおいて、先行調査を分析したところ、特例子会社の知的障害者への賃金は、最低賃金を上回っており、最低賃金減額特例を導入している例は2％弱であることが分かった。

　さらに第Ⅲ章1-3において示した、本研究における特例子会社質問紙調査の結果によれば、有効回答52社中50社が最低賃金以上を全員に支払っており、2社が減額申請を一部において行っていた。最低賃金減額

の許可申請は、第Ⅱ章3においてその詳細を記したが、一定の業務に対して一定の割合のみ許可されるもので、きわめて限定的な減額である。したがって、その性質は、最低賃金法の枠外にある福祉的事業所等の工賃支払状況と全く異なるものである。

　以上の分析結果から、数パーセントの減額申請実施企業はあるものの、96-98％以上の特例子会社が社員全員に最低賃金以上を支払っていることが確認された。

2　知的障害者の積極雇用

　障害者雇用について論じる場合、障害種別横断的に障害者全体を取り上げるケースもあるが、実際には障害種別によって、かなり事情は異なる。本研究では、知的障害者に焦点を絞り、特例子会社が知的障害者を積極的に雇用しているか否かを検証した。

　それは、特例子会社が最低賃金を遵守する企業であることが確認されても、本研究の課題である知的障害者の収入改善のためには、知的障害者が積極的に雇用されていることが必要だからである。

　第Ⅲ章の質問紙調査1−2において、有効回答を寄せた57社の特例子会社のうち、37社が知的障害者を最も多く雇用している。また重度知的障害者を雇用しているか否かについては、回答のあった56社中39社が雇用していると答えている。

　また、第Ⅲ章3においては、厚生労働省が毎年秋発表する「障害者雇用状況の集計結果」の過去9年分（2006-2014）を分析し、特例子会社が知的障害者重点雇用にシフトしてきたトレンドを確認した。特例子会社においてはこの9年間に非重度知的障害者の障害者雇用に占める割合が20.3％から29.2％に上昇し、重度知的障害者においては15.6％から22.7％と大幅に増加している。

この傾向は、一般企業における非重度知的障害者が12.4%から16.4%、重度知的障害者が4.1%から5.4%の小幅増加に留まっていることと比較すれば、明らかである。
　また、特例子会社は雇用した知的障害者の能力を開発し、戦力化するための数々の工夫・努力を行っていることも確認されている。それについては、次の3において詳細に述べる。

3　知的障害者が福祉的事業所に求める安心感の具現

　第Ⅱ章1-1において、なぜ知的障害者は低収入であることが既に判明している福祉的事業所への就労を希望するのかを探求した。その結果、一般企業への就労は、現在の自分の能力ではむずかしい、自信がないと考えている知的障害者自身や保護者が存在することが分かった。特に、重度知的障害者の人々は、福祉的事業所を希望する割合が高い。しかし、第Ⅲ章1-2-2で示したように、本研究の質問紙調査により、企業側は重度知的障害者も仕事がマッチすれば、非重度の人々と同じ業務において十分に能力を発揮できると考えていることが分かった。
　特例子会社は、障害者雇用に特化した企業であるため、健常者が主役となって運営されている一般企業と異なり、障害のある人々を中心としてすべてが設定されている。そのため、上記のような理由で、一般企業への就労をハードルが高いと感じているケースにおいても、きめ細かな配慮で、安心して働ける職場を作り出している。その具体的な例として、筆者が見学・ヒアリングを実施した特例子会社3社を第Ⅲ章4において、紹介した。
　特例子会社の最大の強みは、会社の扱う業務が先にあって、それを社員が遂行するのではなく、社員が得意な分野の仕事を業務として成り立たせているところにある。知的障害者の業務遂行能力は、たとえば事務

から工場内作業まで何でもこなすといったジェネラリストとしては高いと言えないだろう。しかし、得意分野に関しては非常に熱心で高いパフォーマンスを示すことは、知的障害者を雇用してきた先行企業によって実証されている。ただし、一般企業は、得意な分野に的を絞って業務にすることが比較的むずかしく、融通が利かない傾向がある。その点、特例子会社は非常にフレキシブルであり、得意だと思われる仕事をどんどん探して、関連会社から受注するだけの機動力がある。こうした特色が、知的障害者に働きやすい環境をもたらしていると言えるであろう。

4　特例子会社への批判について

　特例子会社は、障害者雇用における特例的な存在であるため、社会からその構造について批判を受けることがある。本研究では、代表的な二つの批判に対し、現状を分析提示することで、その批判が当たらないことを論証した。
　まず、特例子会社制度は、新たに子会社を設定する必要があり、大企業のみ実施し得るシステムであり、中小企業には活用できないとする指摘に対し、中小企業の特例子会社と言える事業協同組合等算定特例の存在を示した。この特例制度は、小企業同士が協同して障害者雇用に特化した組合を作るというシステムで、第Ⅳ章1において詳細を説明している。現時点では、同算定特例の参加条件がやや厳しいため、筆者は、より多くの中小企業が参画できるように、有限責任事業組合（LLP）による参加を提案した。
　次に、特例子会社ではなく、インクルーシブな雇用こそ推進すべきではないかという批判を取り上げた。本研究の課題は、知的障害者が生活保障として、最低賃金以上を得られること、かつ従来多くの知的障害者が希望してきた福祉的事業所と同様の十分に準備され配慮された労働環

境で、安心して働ける場が具現されることである。したがって、上記意見について、本研究の課題である知的障害者の雇用というスタンスから対応する。

　知的障害者は言語によるコミュニケーションが円滑でないケースがあること、業務の得意不得意の差が大きいこと等から、企業側からはどのような仕事を割り振ったらよいのか分からないといった雇用を不安視する声が多かった。また、知的障害者側は、現状の自分の能力に自信がないとして、一般企業で働くことに不安を持っていた。その背景には、自分の障害が周囲に理解されていない、学校や職場でいじめに遭った等の苦い経験があると推測される。このような状況下においては、特例子会社のもつ保護雇用機能がその力を発揮する。労働市場においていわば需要が非常に少ない状態ある人々を積極的に雇用し、その潜在的可能性を引き出し、伸ばすことが、保護雇用機能、つまり特例子会社ならではの独自の力である。この特色について言及するとともに、インクルーシブな環境とは何かについても検証した。

　インクルージョンがプラスに働き、共生社会の良さを引き出した成功例と、本来豊かな社会を実現するはずのインクルージョンがうまく機能せず、周囲を含め不幸な結果となった失敗例を提示し、インクルーシブな社会が機能するためには、準備・配慮が必要であることを示した。

　また、知的障害者は、本来、障害者雇用の当事者でありながら、なかなかその意思が汲み取られず、声が直接生かされる例は限られていた。知的障害をもつ人々にとって、労働環境が引き起こすストレスがどのように作用するのか、働くことが障害のリハビリテーションにプラスに作用するためにどのような配慮が必要なのか等について、知的障害者側からの研究はきわめて少ない。このような状況下では、知的障害者の就労場所の選択肢を多様にし、再チャレンジができる環境を作らなければならない。

5　今後の課題

　知的障害者雇用において特例子会社は、最低賃金以上を保障し、働きやすい労働環境を積極的に創出していることが第Ⅲ章までの検証により明らかになり、また特例子会社に寄せられる批判も当たらないことを第Ⅳ章において示した。しかし、知的障害者雇用を考える上で、課題は残っている。現在の問題としては特例子会社の採算、中長期の問題としては、将来的な特例子会社の役割の変化に焦点を当てて分析した。
　採算の問題に関しては、現在親会社（グループ会社）からの発注に依存しているケースが多く、企業としての安定性を確保するために他の顧客を開拓する必要性も考えられる。しかし、その努力によって、本来の目的である障害者雇用の促進と、働きやすい環境の具現が損なわれてはならない。この点で、もっとも参考になるのが、EUの各国で急速に発展しているソーシャルファームである。特例子会社と組成の似ているソーシャルファームに注目し、ビジネスコンサルティングによる具体的な成功例を分析することで、特例子会社の新しいビジネス範囲の開拓に資することが可能であろう。
　次に、特例子会社における知的障害者雇用に協力し、そのノウハウを目の当たりにしてきた親会社（グループ会社）は、これまで自社では雇用できないと考えていた知的障害者を自社雇用に踏み切る可能性がある。十分に配慮された環境が親会社においても具現できるとすれば、特例子会社は従来の役割を徐々に変更させ、障害者雇用のアドバイザーとして新たな道を切り開くことになるかもしれない。もちろん、一定数の保護的な雇用の場を希望し、また必要とする障害者は存在するであろうから、特例子会社の本来的機能は維持される。しかし、特例子会社の中には、採算の課題で参考にしたEU型ソーシャルファームの労働市場における弱者のコラボレーションスタイルを取り入れるケースも出てくる

かもしれない。

その兆しは、本研究が行った質問紙調査においても、窺える。日本においては、定年退職後の高齢者再雇用の場として、特例子会社を高齢者と障害者のコラボレーションの場とする案を視野に入れている企業が出てきている。

最後に、就労の当事者である知的障害者自身の要望や意見を取り上げる機会はきわめて少なく、理解されないことによる齟齬が職場に生じている。この問題を改善するために障害者雇用のエキスパートである特例子会社が担うべき役割は何かを考察した。まだ数は少ないが、知的障害者の考え方、ストレスの感じ方に関する学術研究、実践的先行研究、知的障害者自身の講演録等が存在するので、それらを分析し、知的障害者がもっともストレスを感じる事柄は、軽んじられる、いじめられる、無視されるといった、不当な扱いに対してであることが分かった。

こうした扱いを受ければ知的障害者に限らず、誰しもが不快に感ずるであろうが、知的障害者においてはこのような状態にさらされることが比較的多いのかもしれない。そのため、とりわけ強く感じられる可能性がある。職場においてこのような行為を未然に防ぐためには、企業全体を通して具体的な準備が必要である。筆者が取材させていただいた特例子会社3社では、障害のある人々が働きやすいように、本当に細かい点まで丁寧な工夫が凝らされていた。またその工夫の多くは、障害者自身の問題提起によると言う。お互いに問題点を提起し、話し合い、協力し合って、個々の能力が生かせる職場を作り出す。そのプロセスを通して、同じ職場に働く仲間だという敬意も生じるであろう。

本研究では、特例子会社は、「脱レッテルの場」として機能すると考える。知的障害者の多くは、幼少時より「能力の低い人」とみなされ、レッテルを貼られることで、自信をなくしてきた。特例子会社においては、各自社員としてその力を発揮することが期待され、「能力の低い人」といった決めつけが排除される場であることが重要である。今後、障害者

雇用の場としてだけでなく、他の求職困難者とのコラボレーションが実践される可能性も高いが、その場合も、この「脱レッテル」機能は有効に働くと考えられる。

6　まとめとして

　経済的な必要性も含め、知的障害者も就労することが求められる昨今の情勢において、従来、知的障害者が多く携わってきた福祉的事業所の工賃はあまりに低かった。しかし、賃金の上昇が見込める一般企業は、知的障害者雇用のノウハウが限定的で、雇用に不安を抱いていた。一方、知的障害者も一般企業での就労に自信がなく、敷居の高さを感じていた。その双方の不安を軽減するシステムとして、特例子会社制度が最適であるという仮定から、本研究はその実証を行った。

　その結果、特例子会社は知的障害者の雇用に積極的であり、最低賃金以上を保障する職場として確認された。またその保護雇用的な機能については、今日までの知的障害者雇用が福祉的事業所に主として拠ってきた背景等を現状の問題点と合わせて分析することで、必要な機能であることが証された。

　さらに今後の課題として、特例子会社の採算、将来的な新しい役割、知的障害者自身の希望を掬い上げるシステムの構築の3点を挙げた。長期的な課題になるが、知的障害者の就労において、知的障害者自身は何を求めているのかをより明確にする必要があり、それを可能にする場のひとつとして特例子会社の今後に注目している。第Ⅴ章で取り上げたセルフアドヴォカシー（self-advocacy）を含め、健常者側からみた労働の場および労働の機会の創出に加えて、知的障害者側からの意見の表出が期待される。

資料

質問紙サンプル

1) 御社の社員数についてお伺いします。

　　身体障害者：　　　　　　人（重度　　　人、非重度　　　人）
　　知的障害者：　　　　　　人（重度　　　人、非重度　　　人）
　　精神障害者：　　　　　　人
　　発達障害者：　　　　　　人
　　障害のない社員：　　　　人

　その他、上記以外の障害種別等を設定されている場合は、自由記入欄にその種別と人数をお書きください。

⎡　　　　　　　　　　　　　　　　　　　　　　　　　　　　　　⎤
⎣　　　　　　　　　　　　　　　　　　　　　　　　　　　　　　⎦

2) 障害者を採用される際、採用の可否を判断される目安は主としてどのような点でしょうか。該当する番号に○をおつけください（複数可）。

　(1) 仕事遂行能力
　(2) コミュニケーション能力
　(3) 通勤・身のまわりの用に関する能力

(4) 協調性
(5) 体調・メンタル面でのコンディション
(6) 家族等の協力体制
(7) その他、上記以外の目安を設定されている場合は自由記入欄にお書きください。

[   ]

3) 障害者社員の雇用形態についてお伺いします。該当する番号に○をおつけください。複数のケースがある場合、各形態に該当する人数のご記入をお願いいたします。
   (1) 正規雇用：　　　　　　　　　人
   (2) 非正規雇用（有期雇用）：　　　　人
   (3) パートタイム：　　　　　　　人
   (4) アルバイト：　　　　　　　　人
   (5) その他、上記以外の形態を設定されている場合は、その形態と人数を自由記入欄にお書きください。

[   ]

4) 障害者の採用経路についてお伺いします。該当する番号に○をおつけください（複数可）。

資料：質問紙サンプル　179

(1) 特別支援学校(養護学校)の新卒者をハローワーク経由で採用
(2) 就労移行事業所・就労継続事業所・授産所・作業所等福祉的施設から中途採用
(3) ハローワークを通して広く一般に募集
(4) その他、上記以外の経路で採用されている場合は、その経路について自由記入欄にお書きください。

[   ]

5) 特別支援学校(養護学校)等からのインターンシップ生受け入れについてお伺いします。該当する番号に○をおつけください。
 (1) まだ受け入れをしたことがない
 (2) 受け入れを考えているがまだ実施していない
 (3) 受け入れたことがある
 (4) 受け入れたインターン生を後日雇用した
 (5) その他、インターン生受け入れについて、コメントをいただける場合は自由記入欄にお書きください。

[   ]

6) 知的障害者を雇用されている企業の方にお伺いします。(知的障害者を雇用されていない場合は設問7にお進みください)

6-1) 知的障害のある社員の方々の担当業務はどのような内容でしょうか

$$\left[\phantom{\begin{array}{c}a\\a\\a\\a\\a\end{array}}\right]$$

6-2) 重度（手帳4段階のうち最重度とその次に重度）の知的障害者を雇用されている場合、上記の担当業務の中で、重度の方が担っている業務内容はどれでしょうか。

$$\left[\phantom{\begin{array}{c}a\\a\\a\\a\\a\end{array}}\right]$$

6-3) 知的障害のある社員の給与についてお伺いします。
　　　給与計算のベースは、時給・日給・月給のいずれでしょうか。また、昇給・賞与制度はありますか。該当する番号に○をおつけください（複数可）。時給・日給・月給制度を併用されている場合は、おおよその該当人数をご記入ください。
(1) 時給
(2) 日給
(3) 月給
(4) 昇給制度あり
(5) 賞与あり（年　　回）
(6) その他、支払い給与についてコメントがいただける場合は自由記

入欄にお書きください。

[   ]

6-4) 最低賃金減額申請が必要なケースはありますか。該当する番号に○をおつけください。
(1) 最低賃金以上を全員に支払っている。
(2) 一部、最低賃金減額申請をしている。
(3) 過去に最低賃金減額申請をしたことがあるが、今は最低賃金以上を支払っている。
(4) その他、最低賃金減額申請についてコメントをいただける場合は自由記入欄にお書きください。

[   ]

6-5) 知的障害のある社員の昇進（チームリーダー等）についてお伺いします。
・知的障害のある社員の昇進実績がある場合、その内容についてご記入ください。

[   ]

・知的障害のある社員の昇進実績がない場合、昇進が難しい理由・今後の見通しについてご記入ください。

[   ]

6-6) 知的障害のある社員の平均勤続年数はどれくらいでしょうか。

 （　　　　）年

6-7) 顧客・取引先など社外の人々と接する機会が多い業務を知的障害のある社員が担当する場合、よりスムーズに仕事を遂行するための配慮・工夫例があれば、事例としてさしつかえない範囲でご教示ください。

[   ]

7) 知的障害者を雇用されていない企業にお伺いします。(知的障害者を雇用されている場合は設問8にお進みください)
今後、知的障害者の雇用を検討する場合、最も留意される点は何でしょうか。該当する番号に○をおつけください(複数可)。
(1) 知的障害者が担当する業務を切り出せるか
(2) 社内に専門知識をもつスタッフがいないので、適切な配慮ができるか
(3) 社内の雰囲気に溶け込めるか、他の社員とうまくやっていけるだろうか
(4) その他、上記以外の点が想定される場合は、自由記入欄にお書きください。

［　　　　　　　　　　　　　　　　　　　　　　　　　　　］

8) 障害のある社員の方(障害種別を問わず)がスキルアップ等により、グループ内の一般企業に異動を希望されるケースはありますか。該当する番号に○をおつけください。
(1) 希望者がいない
(2) まだ異動システムは整っていない
(3) 親会社・グループ会社に異動する制度があり異動の実績がある
(4) その他、グループ内異動についてコメントをいただける場合は、自由記入欄にお書きください。

[

]

9) 今後の障害者の採用方針についてお伺いします。該当する番号に○をおつけください。
 (1) 採用を継続する予定である（特に重点をおいている障害種別があればご記入ください）
   (   )

 (2) 現状を維持し、採用は退職者を補充するという形になる
 (3) その他、今後の障害者雇用についてコメントをいただける場合は、自由記入欄にお書きください。

[

]

10) 特例子会社内に障害者以外の就労困難者（長期失業者、高齢者等）を雇用する可能性はありますか。該当する番号に○をおつけください。
 (1) 特に計画はない
 (2) 今後の可能性のひとつである
 (3) 既に雇用している、または雇用経験がある
 (4) その他、障害者以外の就労困難者雇用についてコメントをいただ

ける場合は、自由記入欄にお書きください。

[   ]

11) その他、全体を通して、付加していただけるコメントがございましたら、ご記入くださいますようお願い申し上げます。

[   ]

参考文献

磯貝公男・中村勝二(2010)「特別支援学校における知的障害者への就労支援に関する一考察—特例子会社のニーズをもとに」『順天堂スポーツ健康科学研究』2(2)、順天堂大学、pp70-73。

市村大三(2012)「特例子会社のメリットと課題についての一考察」『神奈川法学』第45巻第1号、神奈川大学、pp171-192。

伊藤修毅(2012)「障害者雇用における特例子会社制度の現代的課題—全国実態調査から—」『立命館産業社会論集』 第47巻第4号、pp123-138。

猪瀬桂二(2004)「知的障害者雇用の成功事例の検証と厚生労働省の障害者雇用政策–特例子会社の事例にみる知的障害者の雇用ノウハウと地域支援ネットワーク」『地域政策科学研究』(1)、鹿児島大学大学院人文社会科学研究科地域政策科学専攻[編]、pp21-43。

岡安喜三郎(2011)「イタリアの社会的協同組合の歴史と概要」第43次欧州労働者福祉視察事前研修会

小田美季(2011)「特例子会社の現状と課題に関する一考察」『福岡県立大学人間社会学部紀要』20(2)、福岡県立大学、pp29-43。

小野隆(1990)「障害者雇用における割当雇用・納付金制度の役割」、『リハビリテーション研究』第63号、(財)日本障害者リハビリテーション協会、pp2-9。

影山摩子弥(2013a)『なぜ障がい者を雇う中小企業は業績を上げ続けるのか?』中央法規出版。

影山摩子弥(2013b)「『障害者雇用がもたらす経営上の正の効果と効果を生む条件について実証的に研究する』最終報告」、『横浜市立大学論叢人文科学系列』2013 Vol65 No.1、pp121-156。

楠田弥恵(2013)「知的障害者雇用において特例子会社に期待される役割」『国際公共経済研究』2013 No.24、pp55-68。

楠田弥恵(2013)「法定雇用率制度の現状と小企業における事業協同組合型障害者雇用の可能性」『社会経営研究SSG』2013 No.1

楠田弥恵(2013)「障害者の在宅就業に関する考察 自営型就業に着目して」『国際文化研究紀要』2013 第20、pp67-92。

厚生省(1981)「昭和56年版 厚生白書」

厚生労働省(2003)「身体障害者及び知的障害者の雇用状況について」

厚生労働省「障害者雇用率制度の概要」
  http://www.mhlw.go.jp/stf/shingi/2r9852000002b5zs-att/2r9852000002b63d.pdf
  (2015年2月6日現在)

厚生労働省(2007)「平成17年度知的障害児(者)基礎調査結果の概要」

厚生労働省(2008)「身体障害者、知的障害者及び精神障害者就業実態調査の調査結果につ

いて」
厚生労働省 (2009)「障害者雇用実態調査結果の概要」
厚生労働省 (2011)「平成23年度　障害者の就業実態把握のための調査」
厚生労働省 (2012)「平成24年障害者雇用状況の集計結果」
厚生労働省職業安定局障害者雇用対策課 (2013a)「最近の障害者雇用の現状と課題」
厚生労働省 (2013b)　「平成25年障害者雇用状況の集計結果」
厚生労働省 (2014a)　「平成26年障害者雇用状況の集計結果」
厚生労働省 (2014b)「平成25年度・障害者の職業紹介状況等」
厚生労働省 (2013・3現在)「障害者雇用率制度の概要」
　　http://www.mhlw.go.jp/stf/shingi/2r9852000002b5zs-att/2r9852000002b63d.pdf
厚生労働省 (2015年2月6日現在)「障害者の就労支援対策の状況」
　　http://www.mhlw.go.jp/bunya/shougaihoken/service/shurou.html
厚生労働省 (2014c)「平成24年社会福祉施設等調査の概況」
独立行政法人高齢・障害・求職者雇用支援機構　障害者職業総合センター　(2007)「ＥＵ諸国における障害者差別禁止法制の展開と障害者雇用施策の動向」
独立行政法人高齢・障害者・求職者雇用支援機構 (2008a)　「特例子会社の設立、運営等に関する調査研究」
独立行政法人高齢・障害者・求職者雇用支援機構 (2008b)　「事業協同組合における障害者雇用事例−中小企業の共同による障害者雇用の取組—」、『職域拡大等研究調査報告書』No.269
独立行政法人高齢・障害者・求職者雇用支援機構 (2009)「特例子会社の設立、運営等に関するアンケート調査および現地訪問調査の報告」No.271
独立行政法人高齢・障害者・求職者雇用支援機構 (2011)「多様化する特例子会社の経営・雇用管理の現状及び課題の把握・分析に関する調査」
独立行政法人高齢・障害・求職者雇用支援機構　障害者職業総合センター　(2012)「欧米の障害者雇用法制及び施策の動向と課題」
埼玉県立総合教育センター　特別支援教育担当 (2008)「特別支援学校における就労支援の在り方に関する調査研究」
丈六・佐々木 (2006)「養護学校における職業教育と就労支援の在り方に関する研究 (1)」
島田肇・三宅章介 (2007)「特例子会社の福祉経営に関する考察：障害者雇用拡大へ向けた経営上の課題」『名古屋経営短期大学紀要』48、名古屋経営短期大学、pp33-47。
仙台市 (2011)「仙台市障害者等保健福祉基礎調査報告書」
高岡健 (2012) インタビュー記事「不登校・いじめと精神医療」『朝日新聞＆不登校新聞』9月17日号、http://www.futoko.org/special/special-49/page0917-2649.html （2015年7月7日現在）
田中敦士・朝日雅也・星野泰啓・鈴木清覚 (2004)「福祉的就労障害者における雇用への移行と自立生活に向けた意識：身体・知的・精神障害者本人2,543名に対する全国調査から」

千葉県商工労働部 (2011)「障害者雇用に関する意識調査の結果概要」
中小企業における障害者の雇用の促進に関する研究会 (2007)「中小企業における障害者の雇用の促進に関する研究会報告書 中小企業における障害者雇用の促進をめざして」
東京都 (2011) 「知的障害者への清掃業務管理マニュアル」
東京都教育委員会 (2009)「知的障害特別支援学校におけるキャリア教育の推進」
内閣府 (2012) 『平成24年版 障害者白書』
内閣府 (2013) 『平成25年版 障害者白書』
内閣府 (2014) 『平成26年版 障害者白書』
中川昭一 (2013) 『特例子会社における障害者雇用 知的障害者雇用の実践事例』 学苑社
奈良県 (2009)「障害者及び高齢者の生活・介護等に関する実態調査(障害者実態調査) 調査結果報告書」
日本経営者団体連盟 (1998)「特例子会社の経営に関するアンケート調査 結果報告」
日本経営者団体連盟 (1999)「特例子会社の労働条件に関するアンケート調査 結果報告」
日本経団連障害者雇用相談室 (2004)『障害者雇用マニュアル』日本経団連出版
株式会社パソナ (2002)「企業の雇用に関する意識調査」
福生市福祉保健部社会福祉課 (2011)「福生市高齢者・障害者生活実態調査報告書」
文部科学省 (2013)「特別支援教育について」
山崎亨 (2009)「特例子会社における障害者雇用の実践(働くことの意義と支援)—(企業からみた就労支援)」『作業療法ジャーナル』43(7)、pp725-730、三輪書店
山田耕造 (1992)「わが国における障害者雇用促進法の歴史」『香川法学』、第11巻、3-4号、pp37-67。
労働省編 (1999)「特例子会社における障害者雇用の取組」『労働時報』 通巻第614号、労働資料協會、pp12-31。
輪島忍 (1999)「障害者特例子会社制度について(特集 特例子会社制度について)」『労働時報』52(9)、第一法規出版、pp23-25。
Bramston,P.,Fogarty.G.& Cummins,R.A. (1999) "The Nature of Stressors Reported by People with an Intelectual Disability" *Journal of Applied Research in Intellectual Disabilities*, 18(6), pp435-456.
Darlene D. Unger (1999) "Workplace Supports: A View From Employers Who Have Hired Supported Employees" *FOCUS ON AUTISM AND OTHER DEVELOPMENTAL DISABILITIES*, volume14, number 3, fall 1999.
Helen P. Hartnett, Heather Stuart, Hanna Thurman, Beth Loy and Linda Carter Batiste (2011) "Employers' perceptions of the benefits of workplace accommodation: Reasons to hire, retain and promote people with disabilities," *Journal of Vocational Rehabilitation* 34 (2011), pp17-23.

Jessica L. Nettles (2013) "From Sheltered Workshops to Integrated Employment: A Long Transition", Lynchburg College *Journal of Special Education*, 2013, vol.8.

Laurent Visier (1998) "Sheltered employment for persons with disabilities", *International Labour review*, Vol.137 1998 No.3.

Maranzana, Giovanna (2007) 講演1「イタリアのソーシャル・ファームの現状とソーシャル・ファームの支援」,国際セミナー報告書「各国のソーシャル・ファームに対する支援」

Queensland Alliance (2014)「差別からソーシャルインクルージョンへ」"From Discriminatio to Social Inclusion"

Tom Martin & Associates/TMA (2001) " Sheltered Employment," Priory House.

Tony Powers (2008) "Recognizing ability:The skills and productivity of persons with disabilities Literature review," Employment Sector

Employment Working Paper No. 3, ILO.

WHO (World Health Organization) (2011) " World Report on Disability"

注

1) 本研究における「障害」の定義は、1975年国際連合による「障害者の権利宣言」の以下の「障害者」の定義を採用し、それに準ずる。
   http://www.ohchr.org/EN/ProfessionalInterest/Pages/RightsOfDisabledPersons.aspx （2015年7月7日現在）

   「障害者」という言葉は先天的か否かにかかわらず、身体的または精神的能力の欠如のために、普通の個人または社会生活に必要なことを、自分自身で完全、または部分的に行うことができない人のことを意味する。

2) 「健常者」という表現が適切であるか否かについて議論があるが、それに代わる語彙が現時点で特定されていない状況を鑑み、一般的に使用されている語句として本研究では「健常者」を使用することとする。

3) 本研究では引用を除き、障害者・障がい者・障碍者等の表記を「障害者」に統一する。「障害者」という表記が適切であるか否かについて議論があるが、現時点では法令等の表記に準ずることとする。
   なお、独立行政法人高齢・障害者・求職者雇用支援機構「障害者の雇用の促進などに関する法律の概要」によれば、障害者の範囲について以下のように規定している。
   法でいう「障害者」とは、「身体障害、知的障害又は精神障害があるため、長期にわたり、職業生活に相当の制限を受け、又は職業生活を営むことが著しく困難な者」をいいます。

4) 内閣府の共生社会政策においては、
   国民一人一人が豊かな人間性を育み生きる力を身に付けていくとともに、国民皆で子どもや若者を育成・支援し、年齢や障害の有無等にかかわりなく安全に安心して暮らせる「共生社会」を実現することが必要です。
   このため、内閣府政策統括官（共生社会政策担当）においては、社会や国民生活に関わる様々な課題について、目指すべきビジョン、目標、施策の方向性を、政府の基本方針（大綱や計画など）として定め、これを政府一体の取組として強力に推進しています。

   として、誰もが暮らしやすい社会を創るという項目の中に、障害者施策、バリアフリー、高齢社会対策等を挙げている。
   http://www8.cao.go.jp/souki/index.html （2015年7月5日現在）

5) 平成26年版障害者白書（内閣府2014：p 27）によれば、
身体障害、知的障害、精神障害の3区分で障害者数の概数を見ると、身体障害者393万7千人、知的障害者74万1千人、精神障害者320万1千人となっている。これを人口千人当たりの人数で見ると、身体障害者31人、知的障害者は6人、精神障害者は25人となる。複数の障害を併せ持つ者もいるため、単純な合計数にはならないものの、およそ国民の6％が何らかの障害を有していることになる
という現況である。

6) 本研究では基本的に西暦を使用するが、報告書、書籍、論文等のタイトルが和暦である場合は、和暦に添えてカッコで西暦を示す。

7) 独立行政法人高齢・障害者・求職者雇用支援機構「障害者の雇用の促進などに関する法律の概要」によれば、知的障害者・重度知的障害者に関する規定は、以下の通りである。
　(1) 知的障害者とは
　　　児童相談所、知的障害者更生相談所、精神保健福祉センター、精神保健指定医又は法第19条の障害者職業センター（以下、「知的障害者判定機関」という。）によって知的障害があると判定された者をいいます。
　(2) 重度知的障害者とは
　　　知的障害者判定機関により知的障害者の程度が重いと判定された者をいい、障害者数の算定や障害者雇用納付金の額の算定などの際に、その1人を2人として計算します。
　(3) 知的障害者であることの確認
　　　原則として、都道府県知事が発行する「療育手帳」（「愛の手帳」という場合もあります。）又は知的障害者判定機関の判定書によって行います。

8) 平成26年（2014）版障害者白書には、障害種別による就業形態・収入等に関する記載がないため、障害種別による就業形態・収入等に関しては平成25（2013）年版障害者白書が最新となる。

9) 福祉的就労とは、障害等により一般企業等に勤務することが難しい人々に対して福祉的に提供された労働の場に就労することをさし、その労働の場を福祉的事業所と呼ぶ。（現：障害者総合支援法）の成立によって、障害者の就労支援における施設等の役割・名称に変化が生じた。

10)　障害者自立支援法の特徴は以下の厚生労働省HPの記述参照。
　　　障害者の地域生活と就労を進め、自立を支援する観点から、障害者基本法の基本的理念にのっとり、これまで障害種別ごとに異なる法律に基づいて自立支援の観点から提供されてきた福祉サービス、公費負担医療等について、共通の制度の下で一元的に提供する仕組みを創設することとし、自立支援給付の対象者、内容、手続き等、地域生活支援事業、サービスの整備のための計画の作成、費用の負担等を定めるとともに、精神保健福祉法等の関係法律について所要の改正を行う。
　　　http://www.mhlw.go.jp/topics/2005/02/tp0214-1a.html
　　　（2015年7月7日現在）

11)　障害者自立支援法は改正・名称変更が2012年に行われ、障害者総合支援法となった。主な改正点は以下の通り。
　　　厚生労働省HP
　　　http://www.mhlw.go.jp/stf/seisakunitsuite/bunya/hukushi_kaigo/shougaishahukushi/sougoushien/　（2015年7月7日現在）

　　　　……「制度の谷間」を埋めるべく、障害者の範囲に難病等を加える。
　　　　「障害程度区分」について、障害の多様な特性その他の心身の状態に応じて必要とされる標準的な支援の度合いを総合的に示す「障害　支援区分」に改める。……

12)　「就労継続支援事業所」においては、一般企業への就職が困難な障害者に就労機会を提供するとともに、生産活動を通じて知識と能力の向上に必要な訓練等の福祉サービス提供する。同事業所の形態にはA型とB型があり、「A型」は障害者と雇用契約を結び、原則として最低賃金を保障する。「B型」は雇用契約を結ばない非雇用型で、最低賃金の適用外である。

13)　事業主が障害のある人の雇用に特別の配慮をした子会社（特例子会社）を設立した場合には、一定の要件の下でこの特例子会社に雇用されている労働者を親会社に雇用されている者とみなして、雇用している障害者の割合（実雇用率）を算定できる特例措置（特例子会社制度）を設けている。

　　　特例子会社および親会社に課せられる条件は以下の通りである。
　　　厚生労働省HP　2015年2月6日現在
　　　http://www.mhlw.go.jp/bunya/koyou/shougaisha02/pdf/07.pdf#search='%E7%89%B9%E4%BE%8B%E5%AD%90%E4%BC%9A%E7%A4%BE+%E6%9D%A1%E4%BB%B6'

特例子会社認定の要件
(1) 親会社の要件
親会社が、当該子会社の意思決定機関（株主総会等）を支配していること。（具体的には、子会社の議決権の過半数を有すること等）
(2) 子会社の要件
1　親会社との人的関係が緊密であること。（具体的には、親会社からの役員派遣等）
2　雇用される障害者が5人以上で、全従業員に占める割合が20％以上であること。
また、雇用される障害者に占める重度身体障害者、知的障害者及び精神障害者の割合が30％以上であること。
3　障害者の雇用管理を適正に行うに足りる能力を有していること。（具体的には、障害者のための施設の改善、専任の指導員の配置等）
4　その他、障害者の雇用の促進及び安定が確実に達成されると認められること

14) もともと包含という意味を持つ「インクルーシブinclusive」「インクルージョンinclusion」は、教育分野においてよく使われる言葉である。
独立行政法人国際協力機構のナレッジサイト
http://gwweb.jica.go.jp/km/FSubject0601.nsf/VW0101X02W/DE0DD5D7EA4474FE492575E100274C28?OpenDocument&sv=VW0101X15W
（2015年2月6日現在）によれば、

　　インクルーシブの考え方は、障害があろうとなかろうと、あらゆる子どもが地域の学校に包み込まれ、必要な援助を提供されながら教育を受けることを主張している。つまり障害があるからといって障害児だけの特別の場で教育を受けるのではないということで（あ：筆者補足）る。この考え方は、従来の「インテグレーション（統合教育）」とどう違うのか。まず第一に、必要な援助が提供された上で、統合された環境で教育を受けるという点である。従来のインテグレーションはこの「必要な援助」が位置付けられておらず、学ぶ場（物理的な環境）が統合されたというだけで「お客さん」扱いされていた。

と記されている。本研究においては、「インクルーシブ」「インクルージョン」を上記ナレッジサイト記載の観点を是とし、教育の場を雇用の場と置換して捉える。

15) シェルター（shelter）は従来、避難所といった意味合いである。伊藤論文においては、「はじめに」において、
　　障害者が一般の職場から隔離されている『シェルター』の性質が内包されることになる」という表現があることから、「シェルター性」を「障害者が一般の職場から隔

離されている状態」と考えていると思われる。「隔離」という語のニュアンスはかなり強いので、本研究においては「障害者が一般の職場から離れて集まっている状態」と定義する。

16) 保護雇用は、国際労働機構（ILO）が1955年に採択した第99号勧告によって定義づけられた。これによれば、保護雇用とは「障害のために、通常の一般雇用の条件のもとでは雇用されない人々のために、特別な条件のもとで提供される雇用形態」とされている。

17) 2015年7月現在、法定雇用率は、民間企業2.0%、国・地方公共団体等・独立行政法人等2.3%、都道府県等の教育委員会2.2%である。本研究において法定雇用率と記載した場合は、とくに注釈がなければ民間企業の法定雇用率を指すものとする。

   雇用率設定基準（法定雇用率）は、厚生労働省によると、以下の算定式によって決定されている。厚生労働省HP
   http://www.mhlw.go.jp/bunya/koyou/shougaisha02/pdf/03.pdf
   （2015年7月5日現在）によれば以下の通りである。
   　障害者雇用率＝
   　（身体障害者及び知的障害者である常用労働者の数
   　＋ 失業している身体障害者及び知的障害者の数）÷
   　（常用労働者数＋ 失業者数－ 除外率相当労働者数）
   　※　短時間労働者は、1人を0.5人としてカウント。
   　※　重度身体障害者、重度知的障害者は1人を2人としてカウント。ただし、短時間の重度身体障害者、重度知的障害者は1人としてカウント。
   　※　精神障害者については、雇用義務の対象ではないが、各企業の実雇用率の算定時には障害者数に算入することができる

18) 実雇用率とは、実際に企業が雇用している障害者の全従業員に対する割合である。つまり、雇用している身体障害者数及び知的障害者数及び精神障害者数を、雇用している常用労働者数で除することで得られる割合を指す。さらに現実の算定においては、ダブルカウント・短時間労働者カウント等が加味される。

19) 「ノーマライゼーション」は、デンマークのニルス・エリク・バンク-ミケルセン（N.E.Bank-Mikkelsem）によって提唱された考え方で、同国の1959年法（知的障害者福祉法）へと発展した。隔離的で劣悪な環境に収容されていた知的障害者の人権を尊重し「知的障害者ができるだけノーマルな生活を送れるようにする」という主旨の前文が掲げられている。こうした動きは世界中に広がり、福祉の礎となっている。日本では、

「昭和56年版（1981年版）厚生白書」の序章第3節「ノーマライゼーションの思想」の中に、「近年、障害者福祉の理念として注目を集めているのが、『ノーマライゼーション（normalization）』の考え方であり、今日では福祉に関する新しい理念全体を表す言葉として、世界的に用いられるようになってきている。この言葉は歴史的にみると、スカンジナビア諸国を発祥の地として、『常態化すること』すなわち、障害者をできる限り通常の人々と同様な生活をおくれるようにするという意味で使われ始めたとされている。……」と記載されている。

本研究においては、厚生労働省の上記の見解に基づき、ノーマライゼーションを「障害者をできる限り通常の人々と同様な生活を送れるようにすること」と定義する。さらに「国際障害者年行動計画」に記された「障害者などを閉めだす社会は弱くもろい社会であり、障害者はその社会の他の者と異なったニーズをもつ特別の集団と考えられるべきでなく、通常の人間的ニーズを満たすのに特別の困難をもつ普通の市民と考えられるべきです」というメッセージを支持するスタンスで、議論を進める。

20) ILO　駐日事務所HP
http://www.ilo.org/tokyo/lang--ja/index.htm　（2015年7月5日現在）より引用した記事を筆者が常体等に編集

21) ILO　駐日事務所
http://www.ilo.org/tokyo/ilo-japan/lang--ja/index.htm　（2015年7月5日現在）より引用した記事を筆者が常体等に編集

22) ILO　駐日事務所HP　（2015年7月5日現在）
http://www.ilo.org/tokyo/standards/list-of-recommendations/WCMS_239262/lang--ja/index.htm
1955年の職業更生（身体障害者）勧告（第99号）

23) 社会福祉協議会HPより以下要約。
http://www.shakyo.or.jp/jncsw/　（2015年2月6日現在）
「社会福祉協議会（社協）」は、社会福祉法に基づきすべての都道府県・市町村に設置され、地域住民や社会福祉関係者の参加により、地域の福祉推進の中核としての役割を担い、さまざまな活動を行っている非営利の民間組織。全国社会福祉協議会（全社協）は、これら社協の中央組織として、全国各地の社協とのネットワークにより、福祉サービス利用者や社会福祉関係者の連絡・調整や活動支援、各種制度の改善への取り組みなど、わが国社会福祉の増進に努めている。

24)　割当雇用制度とは、一定の条件に該当する者（本研究の場合は障害者）の雇用を一定割合、事業主に義務付ける制度。

25)　1961-1975年の実雇用率データの出所：小野隆（1990）「障害者雇用における割当雇用・納付金制度の役割」、『リハビリテーション研究』第63号、（財）日本障害者リハビリテーション協会

26)　参照資料：
独立行政法人高齢・障害者・求職者雇用支援機構（2005）労働政策研究報告書　No.32「CSR経営と雇用　障害者雇用を例として」第5章「第3期：高度経済成長期における労働者として」。
文部科学省初等中等教育分科会第69回配布資料（2010）「日本の障害者施策の経緯」。
山田耕造（1992）「わが国における障害者雇用促進法の歴史」『香川法学』、第11巻、3－4号、pp47-48。

27)　法定雇用率については、障害者雇用促進法第43条第2項及び第54条第3項において、少なくとも5年ごとに、当該算定式により割合を算定し、見直しすることと規定されている。

28)　国際連合により1981年を国際障害者年と定められた。これは、1971年「精神薄弱者の権利宣言」、1975年「障害者の権利宣言」の採択を単なる理念としてではなく社会において実現していこうという意図によるものである。テーマは「完全参加と平等」で、主な内容は以下の通りである。（1）障害者の身体的、精神的な社会適合の援助（2）就労の機会保障（3）日常生活への参加の促進（4）社会参加権の周知徹底のための社会教育と情報の提供（5）国際障害者年の目的の実施のための措置と方法の確立。

29)　1981年の国際障害者年の成果をもとに検討されたガイドラインで、1982年12月3日第37回国連総会で採択された。

30)　本節において、山田耕造（1992）「わが国における障害者雇用促進法の歴史」『香川法学』、第11巻、3－4号を参考資料とした。

31)　コンセンサス採択とは、表決によらない採択手続のことをいう。……したがって、コンセンサス採択の場合には、公式の会合が行われる前に、議長案などの形で決議等を準備するための、政治的な主に非公式協議のプロセスでの原案作成が重要な役割を果たすことになる。（平成22年度外務省委託調査「国連総会手続規則の事例調査」より）

32) 厚生労働省では、障害者雇用促進法に基づき、毎年6月1日現在の障害者雇用状況について雇用義務のある事業主に報告を求め、同年の秋に集計発表している。

33) 出所：厚生労働省（2014）「平成26年障害者雇用状況の集計結果」

34) 2001年1月、厚生労働省設置法第6条第1項に基づき設置された審議会で、厚生労働省設置法第9条に基づき、厚生労働大臣等の諮問に応じて、労働政策に関する重要事項の調査審議を行う。また、労働政策に関する重要事項について、厚生労働大臣等に意見を述べることができる。厚生労働大臣が任命する30名の委員（公益委員・労働者委員・使用者委員の各10名）で組織され、委員の任期は2年（再任可）である。

35) 障害者雇用促進法では、障害者の職業の安定のため、法定雇用率を設定している。一方、機械的に一律の雇用率を適用することになじまない性質の職務もあることから、障害者の就業が一般的に困難であると認められる業種について、雇用する労働者数を計算する際に、除外率に相当する労働者数を控除する制度（障害者の雇用義務を軽減）を設けていた。除外率は、それぞれの業種における障害者の就業が一般的に困難であると認められる職務の割合に応じて決められていた。この除外率制度は、ノーマライゼーションの観点から、平成14年法改正により、平成16年4月に廃止した。経過措置として、当分の間、除外率設定業種ごとに除外率を設定するとともに、廃止の方向で段階的に除外率を引き下げ、縮小することとされている。

36) 厚生労働省「各国の障害者雇用支援施策と雇用率制度の対象範囲」
http://www.mhlw.go.jp/stf/shingi/2r98520000024z9y-att/2r98520000024zcz.pdf#search （2015年2月6日現在）

37) ＊特定求職者雇用開発助成金
　高年齢者、障害者、母子家庭の母、父子家庭の父等の就職困難者をハローワーク等の紹介により、継続して雇用する労働者（雇用保険の一般被保険者）として雇い入れる事業主に対して、賃金相当額の一部が助成される。
　＊発達障害者・難治性疾患患者雇用開発助成金
　発達障害者または難治性疾患患者をハローワークまたは民間の職業紹介事業者等の紹介により、雇用保険の一般被保険者として雇い入れる事業主に対して支給される。
　＊障害者初回雇用奨励金（ファースト・ステップ奨励金）
　障害者雇用の経験のない中小企業（障害者の雇用義務制度の対象となる労働者数50-300人の中小企業）が障害者を初めて雇用し、その雇入れによって法定雇用率を達成する場合に助成される。法定雇用率2％であれば、従業員数50-99人の企業では1人（短時間の場合は0.5×2で2人）の雇用をもって達成される。100-149人の場合2人の雇

用、150-199人の場合3人の雇用、200-249人の場合4人の雇用、250人から299人の場合5人の雇用、300人の場合6人の雇用で法定雇用率達成となる。支給額は120万円である。支給条件等は、文末脚注に示した。

＊中小企業障害者多数雇用施設設置等助成金

労働者数300人以下の企業が対象である。その事業主が障害者の雇入れに係る計画を作成し、その計画に基づいて障害者を10人以上雇用する、とともに障害者の雇入れに必要な事業所の施設・設備等の設置・整備をした場合に、その施設・設備等の設置等に要する費用に対して助成金が支給される。

この助成は金額的に大きく、種々の支給条件をクリアする必要があるが、設置等に要した費用がたとえば3,000万円以上4,500万円未満で、対象雇用障害者数10-14人の場合、1,500万円が基本的に助成される。

＊精神障害者等雇用安定奨励金

精神障害者の雇用促進・職場定着を図るため、精神障害者を新たに雇い入れるとともに、精神障害者が働きやすい職場づくりを行った事業主に対して助成される。金額の目安としては、全ての取組に係る支給額は総額で100万円を上限としている。

＊障害者雇用納付金制度に基づく助成金

事業主が障害者を雇用するにあたって、施設・設備の整備等や特別な措置を行う場合に、これらの事業主に対し、独立行政法人高齢・障害・求職者雇用支援機構の予算に基づいた助成金を支給することによって、その経済的負担を軽減し、障害者の雇用の促進や雇用の継続を図ることを目的としている。

この助成金は、障害者の雇用に関して、事業主の共同拠出による障害者雇用納付金を財源としている。

38) **＊障害者トライアル雇用奨励金**

厚生労働省によれば「障害者の雇入れ経験がない事業主等が、就職が困難な障害者を、ハローワークの紹介により、一定期間試行雇用を行う場合に助成するものであり、障害者の雇用に対する不安感等を除去し、以後の障害者雇用に取り組むきっかけ作りや就職を促進することを目的としています」と説明されている。

（http://www.mhlw.go.jp/stf/seisakunitsuite/bunya/koyou_roudou/koyou/kyufukin/shougai_trial.html　2015年3月18日現在）

受給の要件は以下の通りである　（厚生労働省「トライアル雇用奨励金」

http://www.mhlw.go.jp/seisakunitsuite/bunya/koyou_roudou/koyou/kyufukin/shougai_trial.html　2015年2月6日現在）

主な受給要件
　本奨励金は、次の1の対象労働者を2の条件により雇い入れた場合に受給することができます。

1 対象労働者
次の[1]と[2]の両方に該当する者であること
　[1]　継続雇用する労働者としての雇入れを希望している者であって、障害者トライアル雇用制度を理解した上で、障害者トライアル雇用による雇入れについても希望している者
　[2]　次のア～カのいずれかに該当する者
　　ア　重度身体障害者
　　イ　重度知的障害者
　　ウ　精神障害者
　　エ　紹介日において就労の経験のない職業に就くことを希望する者
　　オ　紹介日前2年以内に、離職が2回以上または転職が2回以上ある者
　　カ　紹介日前において離職している期間が6カ月を超えている者
2 雇入れの条件
　(1)　ハローワークまたは民間の職業紹介事業者等の紹介により雇い入れること
　(2)　障害者トライアル雇用等の期間について、雇用保険被保険者資格取得の届出を行うこと

　以上の要件に該当する場合には、トライアル雇用奨励金として、支給対象者1人につき月額最大4万円（最長3か月間）が、企業に助成されるため、企業の賃金負担は軽減される。上記助成のほか、障害者短時間トライアル雇用奨励金も制定されており、こちらは、雇入れ時の週の所定労働時間を10時間以上20時間未満とし、障害者の職場適応状況や体調等に応じて、同期間中にこれを20時間以上とすることを目指すとしている。短時間トライアル雇用の場合は、受給対象者1人につき月額最大2万円（最長12か月間）が支給される。障害者短時間トライアル雇用奨励金の詳細は、文末脚注に示す。
　障害者・企業双方が、いわゆるお互いの相性、職種とのマッチングを検討するに当たって時間的余裕をもつことができるため、一般の職場就労に不安を感じている障害者本人にとっても、また障害者雇用に不慣れな企業が障害者を迎え入れる体制準備においても、双方にメリットがあるシステムである。特に、知的障害者においては、実際に労働の現場に入ることで、企業が期待していた以上の労働能力を示す場合も多々あり、トライアルを経ることで可能性の間口を広げることができる。一方、トライアル期間終了後の雇用契約については未定のため、結果につながらないケースも存在する。

＊ジョブコーチ（職場適応援助者）による支援
　ジョブコーチは、障害者本人の職場適応をスムーズに促進するため、障害者本人のみならず雇用側の企業や障害者の家族に対しても、きめ細かな支援を実施する。それにより、上記関係者それぞれが、障害者が職場に適応するために必要な助力を得ることが可能となり、障害者の雇用の促進、さらには職業の安定に寄与することを目的としたシステムである。ジョブコーチには、3つのタイプが存在し、それぞれ、配置型ジョブコー

チ(地域障害者職業センターに配置)、第1号ジョブコーチ(障害者の就労支援を行う社会福祉法人等に雇用される)、第2号ジョブコーチ(障害者を雇用する企業に雇用される)と呼ばれる。これら3タイプのジョブコーチは互いに連携をとりながら、障害者の職場適応に対応している。ジョブコーチによる支援は一定の期間をもって、その支援が職場の上司や同僚による支援(ナチュラルサポート)にスムーズに移行していくことを目標としている。

なお、ジョブコーチによる支援を行う社会福祉法人等および事業主に対して、その費用の一部を助成する第1号職場適応援助者助成金、第2号職場適応援助者助成金制度がある。多くの支給条件、支給額決定に至るまでの詳細計算が必要であるが、目安としては、第1号職場適応援助者助成金の上限がジョブコーチ一人あたり最大1か月28万4,000円(最大対象障害者1人1回において1年8か月)、第2号職場適応援助者の場合、最大1か月15万円(基本的には最大6か月)となっている。

ジョブコーチによる支援は、知的障害者雇用において広く活用されており、職場定着の鍵ともいうべき存在になっている。ジョブコーチが中心となって集中的な支援を行う集中期はもとより、次第に職場のスタッフにその業務を移行していく移行期、その後のフォロー期を含め、それぞれの時期において、ジョブコーチは知的障害労働者本人、その家族、同僚、企業スタッフへの有効な支援を行う。知的障害者が職場に就労し定着するまでのプロセスをスムーズにするために、重要な存在である。

*重度知的・精神障害者職場支援奨励金

重度知的障害者または精神障害者を雇い入れるとともに、その業務に必要な援助や指導を行う職場支援員を配置する事業主に対して助成される。重度知的障害者・精神障害者の雇用促進および職場定着のために、非常に有効と思われる奨励金である。前述のジョブコーチ支援と類似した要素を持っているが、本奨励金は、ジョブコーチという単一の対象者だけでなく、より幅広い援助者(支援員)を対象としている点が特色である。

その詳細は、厚生労働省によれば下記となっている。
(http://www.mhlw.go.jp/seisakunitsuite/bunya/koyou_roudou/koyou/kyufukin/chiteki_seishin.html 2015年2月6日現在)

本給付金は、以下の要件を満たしている事業主が対象となります。

1 対象労働者(※1)を公共職業安定所もしくは地方運輸局または有料・無料職業紹介事業者等の紹介により、一般被保険者として雇い入れること。
　※1　雇入れ日現在の満年齢が65歳未満の重度知的障害者または精神障害者
　2 対象労働者の雇入れ日から3か月以内に職場支援員(※2)を配置し、対象労働者の業務の遂行に関する援助・指導の業務を担当させること。
　※2　職場支援員とは、以下の(1)から(3)すべての要件を満たす者をいいます。
　(1)　対象労働者が行う業務に関する1年以上の実務経験を有すること。
　(2)　次のアからキのいずれかの要件を満たすこと。

ア　特例子会社または重度障害者多数雇用事業所(障害者雇用促進法施行規則第22条第1項各号のいずれかに該当する事業所)での障害者の指導に関する経験が1年以上ある者
イ　重度知的障害者および精神障害者を雇い入れた事業所において、当該障害者の指導に関する経験が2年以上ある者
ウ　障害者福祉施設、障害者就業・生活支援センターなどの就労支援機関、精神科・診療内科等を標榜する医療機関などでの障害者の相談等に係る実務経験が1年以上ある者
エ　障害者職業生活相談員の資格を有する者
オ　職場適応援助者養成研修修了者である者
カ　産業カウンセラーの資格を有する者
キ　精神保健福祉士、社会福祉士、作業療法士、臨床心理士、臨床発達心理士、看護師または保健師の資格を有する者

対象労働者数に応じて、6か月ごとに最大2年間にわたって下表の額が支給されます。同じ月内に配置する職場支援員1人が支援する対象障害者の上限は3人とします。

対象労働者	企業規模	支給額
短時間労働者以外の者	大企業	対象労働者1人あたり　月額3万円
	中小企業	対象労働者1人あたり　月額4万円
短時間労働者(注)	大企業	対象労働者1人あたり　月額1万5千円
	中小企業	対象労働者1人あたり　月額2万円

　上記に引用した制度内容において、もっとも重要な点は、職場支援員の資格が、幅広く定義されていることである。それは、それぞれの職場、あるいは対象障害者の必要性に柔軟にかつ現実的に対応できる可能性を示しており、現場においてきわめて有効と考えられる。

39)　「特例子会社」制度の概要　http://www.mhlw.go.jp/bunya/koyou/shougaisha/dl/07.pdf　(2015年6月18日現在)

40)　千葉県商工労働部(2011)「障害者雇用に関する意識調査の結果概要」

41)　2010年国勢調査において、人口1億2806万人、生産年齢人口63.8%である。データ出所:厚生労働省(2015年2月6日現在)

http://www.mhlw.go.jp/seisakunitsuite/bunya/hokabunya/shakaihoshou/dl/07.
　　　pdf#search='%E7%94%9F%E7%94%A3%E4%BA%BA%E5%8F%A3'

42)　出所：総務省統計局平成22年「労働力調査年報」

43)　一般就労等への移行に向けて、就労移行支援事業所内での作業や、企業における実習、適性に合った職場探し、就労後の職場定着のための支援を行う。利用期間は、2年以内と限定されている。

44)　厚生労働省(2008)「身体障害者、知的障害者及び精神障害者就業実態調査の調査結果について」において、重度知的障害者を療育手帳等の障害の程度がＡ１、Ａ２、１度、２度等の者とし、非重度障害者を療育手帳等の障害の程度がＢ１、Ｂ２、Ｃ、３度、４度等の者とする。

45)　１週間あたりの労働時間が20時間以上で、期間の定めなく雇用される者。ただし、期間が定められている場合であっても、１年以上雇用されている者及び１年以上雇用されると見込まれる者

46)　厚生労働省「平成23年度　障害者の就業実態把握のための調査　報告書」pp 9 -12

47)　障害者自立支援法（現：障害者総合支援法）の成立によって、障害者の就労支援における施設等の役割・名称に変化が生じた。

48)　手帳の程度（１‐４度）とは、知的障害の程度区分を示すもので、数字が小さいほど障害が重いことを表している。東京都福祉保健局によれば、知能検査によるIQと日常生活の様子から知的な障害の程度を総合的に判断するとのことである。各度数におけるIQの目安は、以下のとおりであるが、前述のようにIQだけで決定されるわけではない。１度（最重度）とはIQがおおむね19以下で、生活全般にわたり常時個別的な援助が必要。２度（重度）とはIQがおおむね20-34で、社会生活をするには、個別的な援助が必要。３度（中度）とはIQがおおむね35-49で、何らかの援助のもとに社会生活が可能。４度（軽度）とは、IQがおおむね50-75で、簡単な社会生活の決まりに従って行動することが可能。

49)　千葉県総合教育センター、平成17年度の調査研究（研究２）「養護学校における職業教育と就労支援の在り方に関する研究１」

50)　調査時期2005年11月中旬から12月上旬(事業所においては1月中旬まで)。養護学校における職業教育と就労支援の現状を把握するために、千葉県内における知的障害養護学校(22校)、東葛飾地区の養護学校高等部1年生・保護者(各154名)、同3年生・保護者(各143名)、同卒業生・保護者(各272名)、事業所(90社)を対象としてアンケートを行った。

51)　田中敦士・朝日雅也・星野泰啓・鈴木清覚(2004)「福祉的就労障害者における雇用への移行と自立生活に向けた意識：身体・知的・精神障害者本人2543名に対する全国調査から」『琉球大学教育学部障害児教育実践センター紀要』pp27-40。
　　　分析対象とした知的障害者は505人である。

52)　文部科学省(2013)「特別支援教育について」

53)　本論文筆者楠田弥恵が2014年10月-11月に特例子会社120社に質問紙を郵送することによって実施した質問紙調査。調査の詳細は、本研究第Ⅲ章参照。

54)　http://www.denkikanagawa.or.jp/archive/employment/pref.html
　　　(2015年7月14日現在)　以下HPより引用。
　　　……「障害者雇用システム研究会」にはさまざまな領域のメンバーがいます。企業の人事担当者、特例子会社の責任者、福祉や教育の就労担当者、医療関係者、行政関係者(労働・福祉・教育)などです。"学際的"などとはとても言えませんが、いわゆる"業際的"な勉強会となっています……
　　　……障害者雇用システム研究会では、知的障害者の雇用に関するさまざまな問題を一から見直し、議論を行ってきました……

55)　厚生労働省「障害者の就労支援対策の状況」
　　　http://www.mhlw.go.jp/bunya/shougaihoken/service/shurou.html
　　　(2015年7月6日現在)

56)　仙台市内に住む知的障害者にアンケート調査を実施した結果をまとめた報告書である。返送された回答(364件)の22.8％が、知的障害者本人によって書かれたもので、比較的高い比率が本人による記入となっている。71.4％が代理者の記入、残りはその他・無回答等である。

57)　奈良県内の障害者に対する質問紙調査で、対象は知的障害者に限定されてはいないが、種別ごとに回答が表示されているので、本項では知的障害のみの人々の回答を抽出する。アンケート記入者は、17.9％が本人となっている。

58) http://www.nenkin.go.jp/n/www/service/detail.jsp?id=3225
　　国民年金に加入している間に初診日（障害の原因となった病気やケガについて、初めて医師の診療を受けた日）のある病気やケガで、法令により定められた障害等級表（1級・2級）による障害の状態にある間は障害基礎年金が支給されます。

　　　　※平成26年4月分からの年金額（定額）　　966,000円（1級）
　　　　　　　　　　　　　　　　　　　　　　　　772,800円（2級）
　　　　※18歳到達年度の末日までにある子（障害者は20歳未満）がいる場合は、子の人数によって加算が行われます。
　　　　※障害基礎年金を受けるためには、初診日の前日において、次のいずれかの要件を満たしていること（保険料納付要件）が必要です。
⑴　初診日のある月の前々月までに公的年金の加入期間の2/3以上の期間について、保険料が納付または免除されていること
⑵　初診日において65歳未満であり、初診日のある月の前々月までの1年間に保険料の未納がないこと
　　上記日本年金機構の要件は、拠出年金対象者（年金に加入した後に障害が発生した人々）に向けた内容で、知的障害者の場合、その障害の発生は多くの場合幼少期であり、上記の要件に当てはまらない。年金加入以前に障害が発生している知的障害者の場合は、「20歳前障害による障害基礎年金」という無拠出年金の対象となり、20歳前に初診日があること、障害認定日に障害等級表にあてはまる障害の状態にあることの2点が要件となる。要件を満たし、受給者として認定されれば、基本的に20歳から支給がスタートする（収入条件あり）。

障害等級表は以下の通りである。
(国民年金・厚生年金保険　障害認定基準　平成26年6月1日改正より)

D　知的障害
⑴　知的障害とは、知的機能の障害が発達期（おおむね18歳まで）にあらわれ、日常生活に持続的な支障が生じているため、何らかの特別な援助を必要とする状態にあるものをいう。
⑵　各等級に相当すると認められるものを一部例示すると次のとおりである。
　　1級
　　　知的障害があり、食事や身のまわりのことを行うのに全面的な援助が必要であって、かつ、会話による意思の疎通が不可能か著しく困難であるため、日常生活が困難で常時援助を必要とするもの
　　2級
　　　知的障害があり、食事や身のまわりのことなどの基本的な行為を行うのに援助

が必要であって、かつ、会話による意思の疎通が簡単なものに限られるため、日常生活にあたって援助が必要なもの
　　3級
　　　知的障害があり、労働が著しい制限を受けるもの
　(3)　知的障害の認定に当たっては、知能指数のみに着眼することなく、日常生活のさまざまな場面における援助の必要度を勘案して総合的に判断する。
　　また、知的障害とその他認定の対象となる精神疾患が併存しているときは、併合（加重）認定の取扱いは行わず、諸症状を総合的に判断して認定する。
　(4)　日常生活能力等の判定に当たっては、身体的機能及び精神的機能を考慮の上、社会的な適応性の程度によって判断するよう努める。
　(5)　就労支援施設や小規模作業所などに参加する者に限らず、雇用契約により一般就労をしている者であっても、援助や配慮のもとで労働に従事している。
　　したがって、労働に従事していることをもって、直ちに日常生活能力が向上したものと捉えず、現に労働に従事している者については、その療養状況を考慮するとともに、仕事の種類、内容、就労状況、仕事場で受けている援助の内容、他の従業員との意思疎通の状況等を十分確認したうえで日常生活能力を判断すること。

　　以上が、知的障害者の認定基準に関する部分である。

59)　http://www.mhlw.go.jp/file/05-Shingikai-11601000-Shokugyouanteikyoku-Soumuka/0000035298.pdf#search（2015年2月6日現在）

60)　http://www8.cao.go.jp/shougai/suishin/seisaku_iinkai/s_2/2/pdf/s1-3.pdf
　　（2015年2月6日現在）

61)　独立行政法人高齢・障害者・求職者雇用支援機構(2011)「多様化する特例子会社の経営・雇用管理の現状及び課題の把握・分析に関する調査」は、2011年9月、全国の特例子会社318社に郵送によるアンケート調査を実施し、194社の回答を得ている。

62)　厚生労働省の協力により　2014年10月現在における特例子会社395社を把握した（2014年5月現在の発表時点の特例子会社数は391社）。北海道から沖縄まで47都道府県のうち、青森県、岩手県、福井県は一覧に該当がなく、この時点で特例子会社が存在する44都道府県から各1社を任意抽出した。次に特例子会社が120社存在する東京都から25社、48社の神奈川県から7社、33社の大阪府から6社を任意抽出。その後、2社以上の特例子会社が存在する31都道府県より38社を任意選択して、合計120社を抽出した。その120社に対し、2014年10月17日-11月17日に渡り、郵送によって質問紙を発送し、60社より返送を受けた。

調査に使用した質問紙は文末資料にまとめて記す。設問毎に有効な回答数が異なるため（回答者が全設問に回答しているとは限らないため）、以下有効回答数を示しながら分析する。

63)　各年の厚生労働省「障害者雇用状況の集計結果」に基づき、ダブルカウント及び短時間労働者を外して算出した（小数点第2位四捨五入）。従って計算式の分母は、重度身体障害者＋重度以外の身体障害者＋重度知的障害者＋重度以外の知的障害者＋精神障害者の実際の人数の和である。この図表においては、精神障害者が記載されていないので、記載分の合計は100％より小さくなっている。

64)　ダブルカウント制度とは、身体障害者、知的障害者のうちの重度障害者については、1人雇用しても2人雇用しているものとみなされる制度で、障害者雇用促進法に規定される。

65)　身体障害者または知的障害者である短時間労働者（週所定労働時間20時間以上30時間未満）はカウント数0.5カウントとして、実雇用率に算入できる。

66)　各年の厚生労働省「障害者雇用状況の集計結果」に基づき、ダブルカウント及び短時間労働者を外して算出した（小数点第2位四捨五入）。従って計算式の分母は、重度身体障害者＋重度以外の身体障害者＋重度知的障害者＋重度以外の知的障害者＋精神障害者の実際の人数の和である。この図表においては、精神障害者が記載されていないので、記載分の合計は100％より小さくなっている。

67)　CFSサンズHP　「社長あいさつ」より
　　http://cfs-suns.co.jp/2.html　（2015年2月6日現在）
　　（追記2）CFSサンズのHPも閉鎖になり、ウエルシアオアシスのHPをご覧ください。

68)　法定雇用率達成に焦点を当てて考えた場合、2012年時点における民間企業全体の不足人数は、以下によって算出され、2万4,032人であることが分かる。
　　（計算式）2,257万7,527.0人（算定の基礎となる労働者数）× 1.8％ ＝ 40万6,395.5人
　　40万6,395.5人 － 38万2,363.5人 ＝ 2万4,032.0人

69)　厚生労働省は、学識経験者等の参集を求め、2006年7月より「中小企業における障害者の雇用の促進に関する研究会」（座長：今野浩一郎学習院大学経済学部教授）を開催してきた。2007年、研究会の検討結果がまとめられた。厚生労働省は、これら報告書（上記研究会は全3研究会のひとつである）を踏まえ、2008年概算要求に反映させるとともに、障害者雇用促進法の改正に向け、労働政策審議会障害者雇用分科会において検討

していくとしている。

70) 厚生労働省による事業協同組合等算定特例認定の要件（2013年3月現在）
　＊事業協同組合等の要件
　　① 事業協同組合、水産加工業協同組合、商工組合又は商店街振興組合であること。
　　② 規約等に、事業協同組合等が障害者雇用納付金等を徴収された場合に、特定事業主における障害者の雇用状況に応じて、障害者雇用納付金の経費を特定事業主に賦課する旨の定めがあること。
　　③ 事業協同組合等及び特定事業主における障害者の雇用の促進及び安定に関する事業（雇用促進事業）を適切に実施するための計画（実施計画）を作成し、この実施計画に従って、障害者の雇用の促進及び安定を確実に達成することができると認められること。
　　④ 自ら1人以上の障害者を雇用し、また、雇用する常用労働者に対する雇用障害者の割合が、20％を超えていること。
　　⑤ 自ら雇用する障害者に対して、適切な雇用管理を行うことができると認められること。
　　　（具体的には、障害者のための施設の改善、専任の指導員の配置等）
　＊特定事業主の要件
　　① 事業協同組合等の組合員であること。
　　② 雇用する常用労働者の数が56人以上であること。
　　③ 子会社特例、関係会社特例、関係子会社特例又は他の特定事業主特例の認定を受けておらず、当該認定に係る子会社、関係会社、関係子会社又は特定事業主でないこと。
　　④ 事業協同組合等の行う事業と特定事業主の行う事業との人的関係又は営業上の関係が緊密であること。（具体的には、特定事業主からの役員派遣等）
　　⑤ その規模に応じて、それぞれ次に掲げる数以上の障害者を雇用していること。
　　　ア　常用労働者数167人未満　　要件なし
　　　イ　常用労働者数167人以上250人未満　障害者1人
　　　ウ　常用労働者数250人以上300人以下　障害者2人

71) 有限責任事業組合は、2005年「有限責任事業組合契約に関する法律」（LLP法）が成立し、設立が可能となった。構成員全員が有限責任である、損益や権限の分配を自由に決めることができる、構成員課税の適用を受ける（事業体として課税されない）等が特色となっている。従来の組合と異なり、民法組合の特例として、出資者全員の有限責任制を採用している点が特に注目される。
　　経済産業省によれば、「LLP制度の創設により、ベンチャーや中小企業と大企業の連携、中小企業同士の連携、大企業同士の共同研究開発、産学連携IT等の専門技能を持つ

人材 による共同事業などを振興し、新産業を創造する」とのことである。
（出所：有限責任事業組合契約に関する法律について　http://www.meti.go.jp/policy/economy/keiei_innovation/keizaihousei/pdf/llp_gaiyou.pdf　2015年2月6日現在）

72)　政府広報オンライン
　　http://www.gov-online.go.jp/topics/kyodokumiai/　（2015年2月6日現在）

73)　OEDP（Office of Disability Employment Policy）

74)　影山摩子弥（2013）、『なぜ障がい者を雇う中小企業は業績を上げ続けるのか？』中央法規出版

75)　影山摩子弥（2013）「『障害者雇用がもたらす経営上の正の効果と効果を生む条件について実証的に研究する』最終報告」、『横浜市立大学論叢人文科学系列』2013　Vol65　No.1。pp121-156

76)　http://www.themanagementor.com/kuniverse/kmailers_universe/hr_kmailers/TD/Assisting.htm　（2015年2月6日現在）

77)　「差別からソーシャルインクルージョンへ」"From Discriminatio to Social Inclusion"
　　http://www.mhct.org/documents/Lit_review_proof_140410.pdf#search='from+discrimination++to+social+inclusion'　（2015年7月7日現在）

78)　http://qldalliance.org.au/　（2015年7月7日現在）

79)　中川昭一（2013）『特例子会社における障害者雇用　知的障害者雇用の実践事例』　学苑社。中川は2004年設立の特例子会社ブリヂストンチャレンジド㈱及び㈱レオパレス・スマイルの業務部長を歴任してきた。現在、特定非営利活動法人東京自立支援センター顧問。

80)　http://www.futoko.org/special/special-49/page0917-2649.html
　　（2015年7月7日現在）

81)　http://www.missouriaid.org/legislation/postion-statements/hr-3086
　　（2015年2月6日現在）

82) Missouri Association for persons with Intellectual Disabilities (Missouri AID)
http://www.missouriaid.org/ （2015年2月6日現在）

83) 「新しい障害者の就業のあり方としてのソーシャルファームについての研究調査」特定非営利活動法人NPO人材開発機構2011は、厚生労働省・平成22年度障害者総合福祉推進事業の一環として実施された。

84) http://www.dinf.ne.jp/doc/japanese/glossary/Social_Firm.html
（2015年7月14日現在）

85) http://socialfirmseurope.org/social-firms/definition/ （2015年7月14日現在）

86) 国際セミナー報告書「ヨーロッパとアジアのソーシャル・ファームの動向と取り組み－ソーシャル・インクルージョンを目指して－」
公益財団法人　日本障害者リハビリテーション協会　情報センター　2008
http://www.dinf.ne.jp/doc/japanese/conf/080120_seminar/kouen1.html
（2015年2月6日現在）

87) ソーシャル・ファーム支援サービスの提供を主業務とする団体。ソーシャルビジネスに関するコンサルティング等を専門的に行う

88) http://jicr.roukyou.gr.jp/link/img/20110720ita.pdf#search='%E5%8D%94%E5%90%8C%E7%B5%84%E5%90%88+%E3%82%BF%E3%82%A4%E3%83%97B'
（2015年7月14日現在）

89) 岡安は、ISTAT（イタリア全国統計局）統計"Le Cooperative Sociali in Italia / Anno 2005"から統計情報を得ているとのことである。岡安によれば、調査は2001年、2003年、2005年と行い、以降はされてない、とのことである。

90) http://www.dinf.ne.jp/doc/japanese/conf/seminar20070128/kouen1.html
（2015年7月20日）

91) 国際セミナー報告書「インクルーシブな障害者雇用の現在－ソーシャル・ファームの新しい流れ」公益財団法人　日本障害者リハビリテーション協会　情報センター　2012
http://www.dinf.ne.jp/doc/japanese/conf/seminar20120617/koen1.html
（2015年2月6日現在）

92) People First of Canada
http://www.peoplefirstofcanada.ca/ (2015年7月14日現在)

93) Patrick Worth's Story
http://www.familyservicetoronto.org/programs/options/patstory.html
(2015年7月14日現在)

あとがき

　本書は、筆者が横浜市立大学都市社会文化研究科博士後期課程在籍中に提出した博士学位請求論文 「知的障害者雇用において特例子会社に期待される役割」（2016年3月、博士〈学術〉取得）に基づいている。労働市場において弱い立場に立たされる可能性は誰にもあり、その状況下、労働環境を改善するためには、どのような方法があるのだろうか。修士論文執筆の頃から取り組んできたこの課題へのひとつの解として、社会的企業があるのではないかと思うに至り、この分野のご指導をいただこうと、横浜市立大学都市社会文化研究科の影山研究室の扉を叩いた。

　2012年4月の入学以来、影山摩子弥先生には、本当に多くのご教示をいただき、発見の連続の日々であった。CSRや障害者雇用に関するセミナー・シンポジウムにゼミ員が参加できるよう、常にお心配りをいただき、こうした機会も含めて、次第に博士論文の構想がまとまっていった。法定雇用率制度による割当雇用制が、障害者雇用において一定の効力を発揮しているとすれば、より深くその実態を見極め、この方法がどのようにして障害のある人々の労働環境の改善に役立っているのかを調べてみようと考えるに至ったのである。

　調査研究においては、株式会社CFSサンズ（現：ウエルシアオアシス株式会社）、サンアクアTOTO株式会社、TGウェルフェア株式会社の取材ご協力をはじめ、多くの特例子会社や企業の方々、特別支援学校の関係者の方々、障害者雇用を支援している数々の団体・グループの方々、そして障害のある方々ご自身にご協力をいただき、一歩一歩積み上げるように論文を書いていった。影山先生には日々のご指導に加え、ある程度書き上げた時あるいは方向性に迷いが生じた時等、たびたび原稿を見

ていただき、アドバイスをいただくことで前が開けていった。また、ゼミの仲間の質問や疑問点の指摘から、大事なポイントにはっと気がつくこともあり、研究を進めていく上で忌憚なく意見の交換ができる仲間は本当に大切なものだとつくづく感じる。

　博士論文の審査では、主査をお引き受け下さった上村雄彦先生には、説得力のある論文構成の構築について、また国際的な視野で文献を探し、しっかりと読み込むことの重要性をご教示いただいた。副査の先生方からも貴重なアドバイスをいただいた。村田隆一先生は、障害者のみならずすべての人々にとって、現在の労働環境は是であるかという大きな課題をお示しいただいたように思う。高橋寛人先生のご助言には、人間ひとりひとりの尊厳の大切さを今一度身に染みて感じる点が多々あった。滝田祥子先生からは社会学の見地からどのように実証を進めるかについて、貴重なご助言をいただいた。有馬斉先生からは、研究に対して常に真摯に取組み、よりよい発見を心掛ける姿勢の重要性をお教えいただいた。　かつて修士論文のご指導をいただいた放送大学の坂井素思先生は、外部審査員としてご参加くださり、論文の主旨をよりよく伝達するための構成・書き方等について、たいへん勉強になるご教示をいただいた。

　本研究の研究資金の一部は、公益財団法人横浜学術教育振興財団による平成26年度研究費助成によっており、また本書出版は公益財団法人横浜学術教育振興財団平成28年度研究論文刊行費助成によっている。

　本研究を進める上で、本当に多くの学内外のみなさまからご助力・ご助言を賜った。こうした数々のお力添えのおかげをもって、本書が出版に至ったことは本当にうれしく、心より感謝申し上げる次第である。本書の表紙には、アート・メープルかれんの百田佳恵さんにご協力いただいた。心が、かがやき出すような美しい作品である。

　社会的企業、ダイバーシティの研究は奥が深く、筆者はまだ端緒についたばかりであるが、本書で挙げた今後の課題研究を含め、日々精進してまいりたい。

最後に、大学の同級生であり、私の最大の理解者でもある夫楠田勝敏に感謝したいと思う。

2016年11月　　著者

楠田　弥恵（くすだ やえ）

- 1977年　慶應義塾大学経済学部卒業。会社員生活の後、渡米。インディアナ大学ジャーナリズム学科大学院留学（non-degree）を経て、ビジネスの世界に戻る。
- 2009年　放送大学大学院文化科学研究科入学。30年近くを経て再び大学院に復帰し、経営者と大学院生の兼任生活を始める。
- 2011年　同研究科を修了。修士（学術）。
- 2012年　横浜市立大学都市社会文化研究科博士後期課程入学。
- 2016年　博士後期課程修了。
　　　　　博士論文「知的障害者雇用において特例子会社に期待される役割」。博士（学術）。
- 現　在　オリエントサービス株式会社代表取締役。1級ファイナンシャル・プランニング技能士。

横浜市立大学都市社会文化研究科　客員研究員。
横浜市立大学　非常勤講師。
研究分野：社会的企業、企業の社会的責任（CSR）、ダイバーシティ、労働市場。
趣味はカヤック、俳句、短歌、連句。

知的障害者雇用において特例子会社に期待される役割

2017年1月15日　発行

著　者　楠田　弥恵
発行所　学術研究出版／ブックウェイ
　　　　〒670-0933　姫路市平野町62
　　　　TEL.079 (222) 5372　FAX.079 (223) 3523
　　　　http://bookway.jp
印刷所　小野高速印刷株式会社
©Yae Kusuda 2017, Printed in Japan
ISBN978-4-86584-206-7

乱丁本・落丁本は送料小社負担でお取り換えいたします。
本書のコピー、スキャン、デジタル化等の無断複製は著作権法上での例外を除き禁じられています。本書を代行業者等の第三者に依頼してスキャンやデジタル化することは、たとえ個人や家庭内の利用でも一切認められておりません。